Markus Hubner

Coaching als Aufgabe der Erwachsenenbildung

D1668050

Münchner Studien zur Erwachsenenbildung

herausgegeben von

Prof. Dr. Rüdiger Funiok SJ
(Hochschule für Philosophie München)
und
Prof. Dr. Rudolf Tippelt
(Ludwig-Maximilians-Universität München)

Schriftleitung:
Dr. Gudrun Hackenberg-Treutlein

Band 3

LIT

Markus Hubner

Coaching als Aufgabe der Erwachsenenbildung

LIT

Bibliografische Information der Deutschen Nationalbibliothek
Die Deutsche Nationalbibliothek verzeichnet diese Publikation in der
Deutschen Nationalbibliografie; detaillierte bibliografische Daten sind
im Internet über http://dnb.d-nb.de abrufbar.

ISBN 978-3-8258-0305-6

© LIT VERLAG Dr. W. Hopf Berlin 2007
Chausseestr. 128 – 129
D-10115 Berlin

Auslieferung:
LIT Verlag Fresnostr. 2, D-48159 Münster
Tel. +49 (0) 2 51/620 32 - 22, Fax +49 (0) 2 51/922 60 99, e-Mail: lit@lit-verlag.de

Vorwort

Das vorliegende Buch entstand auf Basis der von mir im Oktober 2005 im Studiengang Pädagogik an der Katholischen Universität Eichstätt-Ingolstadt am Lehrstuhl für Erwachsenenbildung und Außerschulische Jugendbildung fertig gestellten Diplomarbeit mit dem Titel „Coaching als Aufgabe der Erwachsenenbildung". Thema der Arbeit war die Auseinandersetzung mit Coaching als einem möglichen Aufgabenfeld einer dialogischen Erwachsenenbildung.

Coaching wird derzeit vor allem in Unternehmen als mehr oder weniger umfassendes Beratungs-, Weiterbildungs- und Organisationsentwicklungskonzept mit entsprechenden Methoden diskutiert. Dabei zeigt sich, dass Coaching auch in angestammte pädagogische bzw. erwachsenenbildnerische Arbeitsbereiche[1] eindringt und Aufgabenfelder für sich reklamiert. Allerdings wird das Coaching aus dem Blickwinkel der Erwachsenenbildung noch kaum betrachtet[2], eine umfassende Beleuchtung und theoretische Fundierung aus dieser Sicht fehlt nach erstem Anschein noch völlig. Bildung als Bestandteil oder Ziel des Coaching wird kaum explizit benannt, auch wenn bildende Elemente möglicherweise vorhanden sind. Die existierende Literatur und laufende Diskussion wird hauptsächlich von betriebswirtschaftlichen und psychologischen Beiträgen als von pädagogischen oder gar erwachsenenbildnerischen Stellungnahmen beherrscht. Die Erwachsenenbildung sollte dieses allem Anschein nach wachsende Betätigungsfeld künftiger Aktivitäten jedoch nicht nur anderen Disziplinen überlassen. Nur wenn die Erwachsenenbildung an der Diskussion um Coaching teilnimmt und sich beispielsweise an der Entwicklung der Inhalte, Methoden, Qualitätsstandards und der ethischen Prinzipien beteiligt, kann sie ihre berechtigten Ansprüche an die Ausgestaltung von Coaching artikulieren und – auch im Interesse der Teilnehmer – angemessene Formen und Einsatzszenarien für Coaching entwickeln. Von ihrem Anspruch her, Wissenschaft von der umfassend verstan-

---

[1] Insbesondere sei hier das Coaching im Rahmen der beruflichen Weiterbildung genannt. Berufliche Weiterbildung wird im Rahmen des in dieser Arbeit unter Abschnitt 2.1 zu Grunde gelegten Verständnisses von Erwachsenenbildung als Teilgebiet der Erwachsenenbildung verstanden.

[2] Vgl. TIPPELT (1999), 778: Das Handbuch Erwachsenenbildung/Weiterbildung als Standardwerk verzeichnet im Sachregister gerade eine Fundstelle für ‚Coaching' – und auch hier wird Coaching nicht thematisch beleuchtet sondern nur begrifflich erwähnt.

denen Bildung Erwachsener zu sein, müsste die Erwachsenenbildung sogar Leitdisziplin der wissenschaftlichen Aufarbeitung des Coaching werden. Einen Beitrag, um dies zu erreichen, soll vorliegender Band leisten.

Am Beginn steht eine Begriffsklärung dessen, was unter ‚Coaching' in der aktuellen Literatur verstanden wird. Dazu ist es notwendig, Begriffsherkunft, Anwendungsbereiche, Aufgaben und Ziele des Coaching zu erarbeiten, die Abgrenzung zu anderen Maßnahmen herzustellen sowie Definitionen verschiedener Autoren zu analysieren. Den Bezugsrahmen bildet insbesondere der Bereich der betrieblichen Personal- und Organisationsentwicklung, als häufigstes Einsatzgebiet des Coaching. Die Analyse der gegenwärtigen Coachingliteratur darf sich aber nicht auf eine bloße Wiedergabe der Konzepte beschränken, oft ist ein gewisser kritischer Blickwinkel aus erwachsenenbildnerischer Sicht gefordert.

Im zweiten Kapitel wird herausgearbeitet, was Coaching im Sinne der Erwachsenenbildung ist. Ausgangspunkt sind die Aufgaben der Erwachsenenbildung. Wenn Coaching eine Arbeitsform der Erwachsenenbildung ist, müssen sich die Aufgaben der Erwachsenenbildung im Coaching wiederfinden und realisieren lassen. Insbesondere wird dabei von einer dialogischen Erwachsenenbildung ausgegangen, welche in diesem Kapitel in einigen Grundzügen vorgestellt wird. Als Aufgabenelemente der Erwachsenenbildung werden u.a. Lehre, Lernbegleitung, Emanzipation und Lebenshilfe identifiziert. Coaching im Sinne der Erwachsenenbildung kann nur eine Teilmenge dessen sein, was sonst unter Coaching verstanden wird. Gegen Ende des Kapitels wird Coaching im Sinne der Erwachsenenbildung daher definitorisch abgegrenzt.

Das dritte Kapitel befasst sich mit der Analyse einiger gegenwärtiger Coachingtheorien. Ziel ist es, zu untersuchen, inwieweit die Anforderungen an ein erwachsenenbildnerisches Coaching, wie in Kapitel zwei erarbeitet, mit Hilfe der gegenwärtigen Theorieansätze realisierbar sind. Dazu werden die in der Literatur diskutierten theoretischen Fundierungen des Coaching vorgestellt und auf ihre Tauglichkeit hin überprüft.

Ein dialogorientiertes Coachingkonzept wird im Kapitel vier in seinen elementarsten Grundzügen entwickelt. Erwachsenenbildung darf nicht bei der Analyse des Istzustands stehen bleiben, sondern muss eigenständige Vorstellungen von Coaching entwickeln. Die Basis für die Entwicklung eines dialogischen Coachingkonzepts bilden die dialogphilosophischen Überlegungen BUBERS und deren Rezeption in der Erwachsenenbildung. Der Transfer der Ansätze BUBERS in das Coaching geschieht mittels der dialogischen Erwachsenenbildung. Das Kapitel soll auch Methoden sowie mögliche Anlässe eines dialogorientierten Coaching aufgreifen. Der Transfer erwachsenenbildnerischer Theoriekonzeptionen in die Praxis einer Bildungsmaßnahme muss immer über Methoden geleistet werden, und diese dürfen nicht hinter den in der Theorie formulierten Ansprüchen an ein dialogorientiertes Coaching zurück bleiben.

Im letzten Kapitel werden die Ergebnisse zusammengefasst sowie die weiteren Aufgaben für die Erwachsenenbildung im Hinblick auf die theoretische Fundierung und praktische Umsetzung des Themenbereichs Coaching kurz angerissen.

Danken möchte ich allen, die zum Entstehen des Buches ihren Beitrag geleistet haben und mich unterstützten. Insbesondere gebührt Frau Univ.-Prof. Dr. Margret Fell, unter deren Betreuung und Anleitung die Diplomarbeit entstand, sowie dem gesamten Team ihres Lehrstuhls mein herzlicher Dank. Meiner Frau und Berufskollegin Maria danke ich für die zahlreichen fachlichen Gespräche, Anregungen und die Korrektur der ursprünglichen Diplomarbeit. Bei meinem Freund Jens Bergner und meinen Eltern bedanke ich mich für die Durchsicht des Manuskripts vor Drucklegung.

Der Vollständigkeit wegen sei an dieser Stelle auch darauf hingewiesen, dass im Text zumeist die männliche Schreibweise verwendet wird. Dies geschieht insbesondere aus Gründen der leichteren Lesbarkeit, schließt im gemeinten Sinn aber selbstverständlich auch weibliche Personen mit ein.

Inhaltsverzeichnis

1 Coaching: Begriffsherkunft und Definitionen
1.1 Begriff des Coaching
1.1.1 Die Notwendigkeit und Schwierigkeit einer Begriffsabgrenzung

Coaching ist mittlerweile, insbesondere im Bereich der Wirtschaftsunternehmen, zu einem regelrechten „Modebegriff avanciert, der alles und doch nichts bedeuten kann."[3] Beispielsweise werden Weiterbildungsmaßnahmen derzeit oft als ‚ Coaching' bezeichnet, obwohl es sich bei näherer Betrachtung um Formen der Erwachsenenbildung handelt, die vormals unter ganz anderen Begriffen bekannt waren. Coaching ist auch im WWW omnipräsent: So ergab eine Suche in der Suchmaschine www.google.de am 28.11.2004 nach dem Stichwort „Coaching" über 2,1 Millionen Treffer bei eingestellter Sprache Deutsch, am 12.09.2005 waren es bereits 3,03 Mio. Nennungen. Lässt man die Spracheinstellung außer Acht, schnellt die Trefferanzahl auf rund 16,5 Mio. am 28.11.2004 hoch, am 12.09.2005 sind es gar 52,5 Mio. Ergebnisse.[4] In der Managementliteratur wird Führungskräften empfohlen, Coachingwissen und -fähigkeiten als Teil der Führungskompetenz zu erwerben[5] oder es wird gefordert, dass sich jede Führungskraft zwingend coachen lassen muss um erfolgreich zu sein.[6] Nicht zuletzt wird dem Personalentwickler, freiberuflichen Trainer und auch dem Steuerberater[7] empfohlen, Coaching zur Erhaltung der Konkurrenzfähigkeit in sein Leistungsportfolio aufzunehmen, z.B. um Veränderungsprozesse zu gestalten und in sozialen Systemen beratend tätig zu werden.[8] Dennoch kann Coaching teilweise immer noch – auch in der betrieblichen Personalentwicklung – als ein innovatives Konzept gelten: Selbst in ausführlichen und aktuelleren betriebswirt-

---

[3] GEIßLER, H. (2004), 18.
[4] Möglicherweise lässt sich die Erhöhung der Trefferanzahl z.T. auch durch verbesserte Suchalgorithmen der Suchmaschine ‚google' erklären. Die Ergebnisse schließen aber nahtlos an die Beobachtungen von OFFERMANNS an. Sie ermittelte die Treffer im WWW zum Suchbegriff ‚Coaching' mit der Suchmaschine ‚Lycos' in den Jahren 1998 bis 2003 und stellte auch hier eine Steigerung fest, siehe OFFERMANNS (2004), 20.
[5] Als Beispiele seien genannt: WILDENMANN (1996) und CZICHOS (2002).
[6] Siehe z.B. POHL/WUNDER: „Ein wesentliches Element von Führungskompetenz besteht in der Fähigkeit, sich helfen zu lassen und sich aktiv Unterstützung zu organisieren. Wer führen will, braucht Coaching. Das ist die simple Kernbotschaft dieses Buches." (POHL/WUNDER (2001), 5.)
[7] Vgl. STORZ (2004), 16-18.
[8] Vgl. als Beispiel FALLNER/POHL (2001).

schaftlichen Lehrbüchern zum Bereich des Personalwesens wird der Einsatz von Coaching in der Personalentwicklung nicht immer erwähnt.[9] Die allerdings anzutreffende inflationäre Verwendung des Begriffs Coaching soll zuweilen wohl modern wirken, für Angebote interessieren oder Kompetenz ausstrahlen. Inhaltlich ausgesagt wird damit allerdings wenig: „Wir leben in einer Wegwerf-Gesellschaft, die auch ihre Worte verschleißt und verwirft. Zentrale Begriffe sind davon betroffen."[10] Dies gilt auch für den Begriff Coaching. Daher bemerkt POHL: Die „Abnutzung von Wörtern und Begriffen hat längst auch das ‚Coaching' erfasst."[11] Die gleiche Feststellung trifft auch VOGELAUER: Er spricht von einem schillernden bis chaotischen Begriffsdschungel.[12] Um dennoch keine Unklarheit darüber entstehen zu lassen, was unter Coaching verstanden wird, ist es notwendig, den Begriff Coaching definitorisch abzugrenzen. Dabei steht man vor der Schwierigkeit, dass es in der Literatur keine einheitliche Definition gibt und auch in der wissenschaftlichen Diskussion bisher keine allgemein anerkannte Begriffsbestimmung vorgelegt wurde. Zum Teil wird sogar bestritten, dass eine Definition von Coaching möglich ist. Dies entbindet aber nicht von der Notwendigkeit, im Rahmen einer wissenschaftlichen Auseinandersetzung mit dem Thema einen Arbeitsbegriff von Coaching zu entwickeln. Damit werden Unschärfen vermieden und der zu untersuchende Gegenstand kann gefasst werden, denn ohne Definitionen ist Wissenschaft als ein System von Aussagen kaum möglich.[13] Zum Erarbeiten einer Begriffsbestimmung wird im Folgenden versucht, aus den verschiedenen Ansätzen der Begriffsabgrenzungen des Coaching in der einschlägigen Literatur Gemeinsamkeiten herauszufiltern. So kann der Vielfalt der Begriffsbestimmungsansätze am ehesten Rechnung getragen werden, ohne willkürlich eine Definition herauszugreifen oder in Beliebigkeit zu geraten und damit den Begriff Coaching unscharf werden zu lassen. Die Notwendigkeit, bei der Bearbeitung des Themas Coaching in dieser Weise vorzugehen, um zu einer möglichst einheitlichen Begrifflichkeit zu kommen und das gemeinsame Fundament der Coachingansätze zu ergründen, ist auch bei anderen Arbeiten zum Thema Coaching belegt. So führt NITSCH aus, dass es, um zu einer Definition zu

---

[9]   Als Beispiel sei hier genannt: HENTZE/KAMMEL (2001). Im gesamten Kapitel Personalentwicklung wird Coaching nicht thematisiert.
[10] STEIN/STEIN (1987), 13.
[11] FALLNER/POHL (2001), 19.
[12] Vgl. VOGELAUER (2000), auf den sich auch OFFERMANNS (2004), 20 bezieht.
[13] Vgl. TSCHAMLER (1996), 29.

gelangen notwendig ist, „den kleinsten gemeinsamen Nenner" zu finden, „um so die typischen Elemente, welche jedem der Modelle zu Grunde liegen, methodisch heraus zu arbeiten und darzustellen."[14] Die Schwierigkeit dabei ist, dass Coaching eine aus der Praxis heraus entstandene Arbeitsweise ist, und daher keinem eindeutigen theoretischen Hintergrund zugeordnet werden kann.[15] Die Praxis ging hier also der Theorie voraus, und deshalb maßen manche Autoren einer Definitionsentwicklung auch keinen großen Wert bei, was Auswirkungen auf die Qualität der vorhandenen Definitionen hat.

1.1.2   Eingrenzung des Untersuchungsgegenstands

Im Rahmen dieses Buches kann Coaching nicht in allen möglichen und in der laufenden Diskussion thematisierten Facetten behandelt werden. Daher muss der Untersuchungsgegenstand konkretisiert werden, indem verschiedene Arten des Coaching von der Bearbeitung ausgeschlossen werden.
Coaching im Sinne der vorliegenden Arbeit soll vorwiegend in seiner Ausprägung als Bildungsmaßnahme durch einen Erwachsenenbildner im weitesten Sinn betrachtet werden und weniger als Management- bzw. Personalführungstechnik[16], auch wenn Überschneidungen und Grenzfälle hie und da möglich sind, und das Coaching, wie noch dargestellt werden wird, ursprünglich aus dem Bereich der Personalführung stammt. Zwar wäre die Betrachtung von Personalführung unter pädagogischen Gesichtspunkten[17] gerade auch unter dem Aspekt eines dialogischen Coachingansatzes höchst interessant, jedoch würde dies den thematischen Rahmen des Buchs sprengen. Eher gekürzt betrachtet wird daher die Betrachtung des Coaching als Führungstechnik, wie es z.T. in der gegenwärtigen Managementliteratur thematisiert oder wie es auch in gängigen Seminaren für Führungskräfte angeboten wird.[18] Im Übrigen ist die „Anleitung und Beratung durch den

---

[14]   NITSCH (2002), 21.
[15]   Vgl. RAUEN (2003), 23.
[16]   Vgl. z.B. CZICHOS (2002). In diesem Werk mit dem Titel „Coaching = Leistung durch Führung" wird Coaching als notwendige Führungstechnik für Führungskräfte in Zeiten des Wandels dargestellt.
[17]   Vgl. FELL (1993).
[18]   Als Beispiele seien hier die Werbungen im Oktober bzw. im November 2004 für Seminare der JÖRG LÖHR Akademie GmbH (insider – Magazin der JÖRG LÖHR Akademie GmbH vom November 2004, Herausgeber JÖRG LÖHR Akademie, Ulrichsplatz 6, 86150

Vorgesetzten während der Arbeit am Arbeitsplatz"[19] seit langem eine anerkannte Methode betrieblicher Weiterbildung und wurde/wird u.a. auch als Coaching bezeichnet.[20]

Die Form des Coaching als sozialpädagogische Interventionsmaßnahme[21] bleibt völlig außen vor. Auch wird nicht näher untersucht, dass heute eine jegliche Form von „klassischer Beratung, Trainings, Schulungen und Seminaren von Anbietern jeglicher Art als ‚Coaching' neu vermarktet"[22] wird.[23] Hierbei handelt es sich wohl nicht um substantiell Neues, sondern eher um eine neuartige Bewerbung bekannter Angebote.

Ebenso wird auf Verfahren, die wissenschaftlichen Ansprüchen in keiner Weise genügen, wie z.B. Esoterik-Angebote als ‚Coaching'[24] nicht eingegangen und desgleichen das ‚Selbstcoaching' von der Betrachtung ausgeschlossen.[25] Formen des medial unterstützten Coaching wie Online-Coaching und Telefon-Coaching werden auch nicht näher besprochen. Der Einschätzung RAUENS, dass es sich hier zwar um ergänzende Formen der Beziehungsaufnahme, nicht aber um einen völligen Ersatz der realen persönlichen Begegnung handeln kann[26], ist wohl zuzustimmen und soll als Begründung für den Ausschluss genügen. Dies gilt insbesondere dann, wenn man die Beziehung zwischen Coach und Gecoachtem im Sinn der qualitativen Maßstäbe eines echten dialogischen Verhältnisses betrachtet[27], was ja u.a. auch Gegenstand vorliegender Ausführungen ist.

Augsburg) oder der ZfU AG (ZMT 10/04, ZfU AG, Im Park 4, CH-8800 Thalwil) genannt.

[19] FELL (1981), 16

[20] Vgl. FELL (1981), 17.

[21] Vgl. DACHSBACHER (2002).

[22] RAUEN (2003), 1.

[23] Diese Feststellung teilt auch OFFERMANNS: „Jedes Training, jede Form der Beratung wird mittlerweile ‚Coaching' genannt, weil es sich gut verkauft." OFFERMANNS (2004) zit. nach SONNENMOSER (2004), 62. Eben diese begriffliche Verwässerung macht eine ausführliche Begriffsabgrenzung im Folgenden notwendig.

[24] Vgl. RAUEN (2003), 1.

[25] Vgl. WEIDENMANN (2001), 350.

[26] Vgl. RAUEN (2003), 45.

[27] Vgl. BUBER (1964), insb. z.B. 37-39 sinngemäß übertragen auf den Erwachsenen.

4

1.1.3 Zur Etymologie des Wortes Coaching und seines Bedeutungswandels

Um einen Begriff adäquat einordnen zu können bietet es sich an, seine Etymologie zu klären, um die Bedeutungswurzeln zu ermitteln und davon ausgehend Entwicklungslinien aufzuzeigen. Coaching entstammt dem englischen Sprachraum. ‚Coach' bezeichnet dort ursprünglich eine Kutsche, das Verb ‚to coach' bedeutet ‚in einer Kutsche reisen' und der (Fern)Reiseomnibus heißt genauso wie der Personenzugwagen der Eisenbahn bis heute ‚coach'.[28] Der Kutscher wurde bzw. wird als ‚coachman' bezeichnet. Es war ihm in früherer Zeit nicht nur die Aufgabe des Lenkens der Kutsche übertragen, sondern er sorgte auch für die Betreuung des gesamten Gespanns. Damit war der Grundstein gelegt, für eine Sinnübertragung des Begriffs auf andere Sachverhalte: „Aus diesem Zusammenhang, dem des Lenkens und Betreuens, und im Sinn dieser Tätigkeiten stammt die Übertragung des Begriffs ‚Coach[ing]' auf andere Tätigkeitsbereiche."[29] Im englischen Sprachgebrauch Ende der 1980er Jahre wird unter dem ‚coach' – neben den Bedeutungen im Transportwesen – ein Nachhilfelehrer, Privatlehrer oder Einpauker sowie im Sport der Trainer bzw. Betreuer verstanden. ‚Coaching' als Substantiv bezeichnet den Nachhilfeunterricht, die Unterweisung oder die Anleitung[30]. Die ausdrückliche Verwendung von Coaching als Bezeichnung eines Instruments für Beratung, Organisations- und Personalentwicklung erfolgt in Deutschland übrigens zu dieser Zeit noch nicht. Sehr gut erkennt man aber die erfolgte Transformation des Begriffs vom Transportwesen in den Bildungsbereich. Dieser Bedeutungszuwachs verlief über den Sprachgebrauch im Gebiet des Sports. Deutlich wird dies zunächst bei einem Blick in das Fremdwörterbuch. Hier findet man unter dem Eintrag Coaching noch 1997 nur die Erklärung „Sportlehrer, Trainer u. Betreuer eines Sportlers od. einer Sportmannschaft."[31] Nach NITSCH, der seine Ausführungen offenbar vorwiegend auf die Rechercheergebnisse RAUENS stützt[32], führte die Bedeutungsentwicklung des Coaching vom Transportwesen in den Sport und dann in andere Bereiche über die angloamerikanischen

---

[28] Vgl. MESSINGER (1995), 210.
[29] NITSCH (2002), 10.
[30] Vgl. MESSINGER (1995), 210. Das Wörterbuch basiert auf dem Stand der Neubearbeitung von 1988.
[31] DROSDOWSKI (1997), 156.
[32] Vgl. RAUEN (2001), 20f.

Hochschulen. Dort wurde bereits ab dem 19. Jahrhundert derjenige, welcher andere z.b. auf einen Sportwettkampf aber auch auf universitäre Prüfungen vorbereitet, als ‚Coach' bezeichnet, und derjenige, welcher die Hilfe in Anspruch nahm als ‚Coachee'.[33] Coaching hat damit – auch außerhalb des Sportbereichs – eine weitaus größere Tradition als die ersten Veröffentlichungen zum ‚modernen Coachingbegriff' glauben machen wollen.[34] Zu größerer Bekanntheit gelangte das Coaching allerdings erst über den Leistungssport. Dort bezeichnet der Begriff bereits „seit längerem [...] die Beratung, Betreuung und Motivierung von Leistungssportlern vor, während und nach dem Wettkampf."[35] Coaching meint dabei nicht das herkömmliche sportliche Training, also „das Erlernen und Ausführen bestimmter Techniken und körperlicher Übungen sowie systematische Qualifizierungsmaßnahmen bezüglich Strategie und Taktik".[36] Vielmehr bezeichnet Coaching die mentale Komponente. Im Hochleistungssport hat man relativ frühzeitig erkannt, dass Erfolg nicht nur von der Körperbeherrschung und der Technik, sondern auch von der mentalen Stärke abhängt. Es kam hier zu einer Bedeutungserweiterung: Nicht mehr nur das direkte Instruieren und Anweisen war Inhalt des Coaching, sondern auch das weiter gefasste Beraten, womit der Coachende auf die das Coaching empfangende Person einen eher indirekten Einfluss ausübt.[37] Vom Leistungssport ausgehend wurde der Coachingbegriff in seiner modernen Verwendung dann auf andere Bereiche übertragen. Damit war der Schritt zum modernen Coachingbegriff, wie wir ihn heute beispielsweise im Kontext der Managementliteratur kennen, getan. Dieser

---

[33] Vgl. NITSCH (2002), 11. Die Bezeichnung ‚Coachee' wird in dieser Arbeit kaum verwendet werden, da sie ein eher passives und empfangendes Verhalten impliziert, welches in der Erwachsenenbildung so vom Teilnehmer nicht gewünscht wird.

[34] RAUEN (2001) verweist in diesem Zusammenhang auf die Veröffentlichungen von HUCK (1989) und NEUBEISER (1990), welche diese Herkunft des Coaching nicht beachten.

[35] RAUEN (2001), 20.

[36] RAUEN (2001), 72. Im angloamerikanischen Sprachgebrauch ist die Unterscheidung zwischen ‚coaching' und ‚training' im Sport übrigens nicht in dieser Form möglich. ‚Coaching' und ‚Training' als Übersetzung des englischen ‚coaching' werden oft synonym gebraucht. Im englischen Sprachgebrauch wird die Person, die im Deutschen als ‚Trainer' bezeichnet wird, als ‚coach' bezeichnet. Dies ist ein deutlicher Hinweis dafür, dass in der angelsächsischen Tradition ein umfassenderes Verständnis der Betreuung der Sportler vorherrschend war, während in Deutschland lange Zeit die mentale Komponente eher ausgeblendet wurde. Vgl. RAUEN (2001), 72.

[37] Vgl. SCHNEIDER (2004), 652.

hat seinen Ursprung in den 1970er Jahren in den USA, kam dann etwa ab den späten 1980er Jahren allmählich auch nach Deutschland und soll im Folgenden näher betrachtet werden. Insbesondere anhand der Darstellung von BÖNING[38] werden die Entwicklungsphasen nachgezeichnet, welche die heutige Begriffsvielfalt im Coaching hervorbrachten. [39]

1.1.4 Der moderne Coachingbegriff in der Wirtschaftswelt

Die erste Phase der Übernahme des Coachingbegriffs aus dem Sport in die Wirtschaftswelt und damit in den Bereich der Erwachsenen- bzw. Weiterbildung begann, wie bereits erwähnt, in den Vereinigten Staaten etwa in den 1970er Jahren. Hier stellten Begriffe aus dem Sportbereich wie ‚Wettbewerb', ‚Leistung' und ‚Motivation' eine Brücke in den Managementbereich dar. Zunächst wurde dann unter Coaching „nichts anderes als eine zielgerichtete und entwicklungsorientierte Mitarbeiterführung"[40] durch den Vorgesetzten verstanden. Zwar mag diese Art der Führung heute recht selbstverständlich klingen, doch zur damaligen Zeit war es ein entscheidender Fortschritt, die „rein fachliche Führung durch eine persönlichkeits- und motivationsbezogene Komponente"[41] anzureichern und über das herkömmliche Führungsverhalten hinauszugehen.

Die nächste Phase der Entwicklung des Coaching steht in Zusammenhang mit dem Bedeutungsgewinn der unternehmensinternen Personalentwicklungsmaßnahmen in den 1980er Jahren, resultierend aus einem verschärften weltweiten Wettbewerb, der neue Qualifikationen[42] der Führungskräfte ver-

---

[38] Vgl. BÖNING (2002), 22-43.

[39] An dieser Stelle sei bereits darauf aufmerksam gemacht, dass SCHREYÖGG und RAUEN abweichend von der Darstellung bei BÖNING auf eine weitere Traditionslinie bei der Entstehung des Coaching verweisen: So ist im Bereich des Sozialmanagements seit vielen Jahrzehnten die Supervision üblich. Diese kann durchaus als eine mit Coaching verwandte Praxis bezeichnet werden. Vgl. SCHREYÖGG (2003), 51 und RAUEN (2001), 22.

[40] BÖNING (2002), 26.

[41] BÖNING (2002), 26.

[42] Qualifikation und Kompetenz wird oft synonym verwandt, jedoch liegen den beiden Begriffen unterschiedliche Konzepte zu Grunde. Während der Qualifikationsbegriff (und die Qualifikationsforschung) stärker die Sichtweise des Arbeitsmarktes – und hier besonders der Arbeitsnachfrage – einnimmt, betonen der Kompetenzbegriff und die Kompetenzforschung die subjektorientierte Perspektive, also die individuellen Kompetenzen eines Menschen. Vgl. MYTZEK (2004), 20f.

langte.[43] Auch diese zweite Phase spielte sich vorwiegend in den USA ab. Aus intensiven längerfristigen Personalentwicklungsmaßnahmen entstehen Mentorenverhältnisse. Insbesondere beim Führungskräftenachwuchs waren die Maßnahmen erfolgreich und fanden großen Anklang: Die Führungskräfteausbildung sollte fortan nicht mehr dem Zufall überlassen werden.[44] Ziel war hierbei auch die Integration der neuen Mitarbeiter in die Organisation, also das Bekanntmachen mit „Werten, Normen und Ritualen" sowie die „festere Bindung an die Organisation."[45] Entstanden ist damit eine hauptsächlich karrierebezogene Beratung von jungen Potenzialkandidaten durch erfahrene Führungspersonen. Die wesentliche Erweiterung, die sich in dieser zweiten Phase ergeben hat, ist, dass der Mentor bzw. Coach nicht mehr zwangsläufig der direkte Vorgesetzte des Coaching-Empfangenden sein musste. Damit war die Entwicklung für zwei Spielarten des Coaching frei: Zum einen das Coaching als Methode der Personalführung (vgl. erste Phase), zum anderen das Coaching als Verfahren der Personalentwicklung.

Die dritte Phase dieser Entwicklung – zeitlich etwa Mitte der 1980er Jahre anzusiedeln – ist durch zwei Phänomene gekennzeichnet. Zum einen war dies die umfassende ‚Psychologisierung' der Gesellschaft und der Wirtschaft,[46] zum Zweiten die Ausbreitung des Coaching von den USA aus in andere Länder, vor allem auch nach Deutschland[47].

Die sog. Psychologisierung war eine wechselseitige Erscheinung: Einerseits erwachte im Wirtschaftsleben das Interesse für die psychischen Zusammenhänge, welche Management, Motivation, berufliche Entwicklung usw. beeinflussen, gleichzeitig begann die Psychologie ihre Erkenntnisse im Bereich der Wirtschaft zur Verfügung zu stellen und dort zur Anwendung zu bringen.[48] Im Coaching führte dies zur Fokussierung auf die Einzelberatung, welche psychologisch orientiert nicht nur die beruflichen Aspekte sondern auch die private Sphäre in den Blick nahm.

Der ‚Export' des Coaching in andere Länder brachte weitere Veränderungen. War in den USA Coaching im Stadium des Mentoring-Ansatzes vorwiegend auf der unteren und mittleren Führungsebene verbreitet, wurde in Deutschland während dieser dritten Entwicklungsphase vorwiegend das Top-

---

[43] Vgl. BÖNING (2002), 26.
[44] Vgl. BÖNING (2002), 26 und RAUEN (2001), 22.
[45] RAUEN (2001), 22-23.
[46] Vgl. RAUEN (2001), 23.
[47] Vgl. BÖNING (2002), 27.
[48] Vgl. RAUEN (2001), 23.

Management zur Zielgruppe. Während beim Mentoring zwar nicht mehr die eigene Führungskraft, aber dennoch ein Mitarbeiter der eigenen Organisation die Rolle des Coaches übernahm, wurde in Deutschland vornehmlich auf einen organisationsexternen Berater zurückgegriffen.[49] Dies erscheint auch zwingend notwendig, denn dem Top-Management einer Organisation stehen innerorganisational keine geeigneten qualifizierten Kräfte zum mentoriell orientierten Coaching zur Verfügung. Themen, welche Gegenstand des Coaching der Führungskräfte sein konnten, waren beispielsweise Konflikte, Führungsverhalten und -probleme, Strategiefragen aber auch persönliche und familiäre Belange. Der Coach diente vorwiegend dazu, Wahrnehmungs-, Verhaltens- und Kommunikationsmuster bewusst zu machen.[50] Um die Diskretion zu wahren, war es bei den oberen Führungskräften sogar oft üblich, dass nicht die Organisation das Coaching organisierte und bezahlte, sondern die jeweilige Führungskraft selbst. Festzustellen ist, dass das Coaching mit dieser dritten Phase der Entwicklung eine enorme Steigerung an Popularität erfuhr. Erkennbar ist dies beispielsweise an der steigenden Zahl von Veröffentlichungen zu diesem Thema im relevanten Zeitraum. Im Ergebnis führte die Phase dazu, dass zwei Richtungen des Coaching[51] weiter entwickelt werden: Zum einen die Variante mit organisationsinternem Coach, zum anderen das Coaching mit einem externen Berater. Damit hat nicht nur letztere Form des Coaching vom Popularitätsgewinn profitieren können, sondern auch das Coaching mit internen Personalentwicklern wurde weiter ausdifferenziert.[52] Bemerkenswert ist, dass die hier beschriebenen Entwicklungen (sowie auch die weiter unten erläuterten Entwicklungen der vierten und fünften Phase) vorwiegend im deutschen Sprachraum stattgefunden haben, während v.a. in den USA sowie im gesamten angloamerikanischen Sprachraum unter Coaching weiterhin hauptsächlich ein entwicklungsorientiertes Führen von Mitarbeitern durch ihren Vorgesetzten verstanden wird[53], obwohl auch die Entwicklung in Deutschland in den Vereinigten Staaten mit Interesse verfolgt wurde und auch z.T. dort (Rück)Wirkung zeigte.[54]

---

[49] Vgl. RAUEN (2001), 23 und BÖNING (2002), 27.
[50] Vgl. BÖNING (2002), 27.
[51] Coaching hier verstanden im Sinne des Coaching als Personalentwicklung und nicht im Sinn des Coaching als Mittel der Personalführung.
[52] Vgl. RAUEN (2001), 23.
[53] Vgl. RAUEN (2001), 24.
[54] Vgl. NITSCH (2002), 15.

Die vierte Phase der Entwicklung des Coaching in Deutschland ist gegen Ende der 1980er Jahre erreicht. Am besten kann diese Phase wohl mit den Schlagworten ‚Systematisierung' und ‚Ausbreitung' beschrieben werden. Feststellbar ist zunächst eine weitgehende Etablierung des Einzelcoaching durch externe Berater. Dadurch angeregt setzte ein Bemühen der internen Personalentwickler ein, Coaching als eine Beratungsleistung auch organisationsintern systematisch zu implementieren. Damit entstand „das interne (Einzel-) Coaching durch einen fest angestellten, der Personalabteilung angehörigen Coach."[55] Als Zielgruppe fasste man dabei – ähnlich zum Coaching der zweiten Entwicklungsphase – wiederum eher Angehörige der unteren und mittleren Hierarchieebenen ins Auge. Die Gründe, die BÖNING[56] für diese Zielgruppenwahl nennt, sind – zumindest teilweise – leicht einzusehen: So sind interne Berater selbst eher auf unteren und mittleren Hierarchieebenen angesiedelt. Eine Beratung hierarchisch höher stehender Personen wird damit erschwert, scheidet oftmals sogar aus. Zweitens ist die Offenheit, auch private Themen anzusprechen, gegenüber einem Kollegen innerhalb der Organisation kaum gegeben. Inhaltlich konzentriert sich die Beratung damit völlig auf berufliche Themen. Da aber von den oberen Führungskräften meist ein ganzheitliches Coaching angestrebt wird, welches auch den Privatbereich mit berücksichtigt, ist auch aus diesem Grund ein Coaching einer oberen Führungskraft durch einen internen Coach kaum möglich. Dem dritten von BÖNING genannten Grund, dass interne Berater nicht über die Beratungskompetenz vergleichbarer externer Berater verfügen würden, kann nicht vollständig zugestimmt werden, insbesondere auch weil BÖNING hier den Beweis seiner These schuldig bleibt.

Zwischen den Verfechtern des organisationsinternen Coaching durch angestellte Personalentwickler und den Anhängern eines Coaching durch externe Berater kam es zu Auseinandersetzungen in Büchern, Zeitschriftenartikeln und Magazinbeiträgen um die ‚richtige' Form des Coaching.[57] Im Ergebnis fanden aber beide Formen – mit jeweils abgegrenztem Aufgabengebiet – zu einer Form der Koexistenz.[58] Diese Koexistenz war auch förderlich, um eine produktive und differenzierte Ausgestaltung und Systematisierung verschiedener Coachingvarianten zu erreichen. Es kam zu einer Zweiteilung: Interne

---

[55] RAUEN (2001), 23.
[56] Vgl. BÖNING (1994), 176f.
[57] Vgl. NITSCH (2002), 15; siehe auch RAUEN (2001), 24.
[58] Vgl. BÖNING (2002), 27.

Coaches übernahmen beim Coaching meist die Zielgruppe der unteren und mittleren Führungskräfte, während externe Coaches das Top-Management auf der obersten Führungsebene betreuten. Insgesamt kann jedoch festgestellt werden, dass die Publizität des Coaching während dieser vierten Phase wesentlich größer war als die tatsächliche Anwendung,[59] auch wenn das Coaching in vielen Unternehmen Akzeptanz und Verbreitung fand.[60]

Der Anfang der fünften Phase in der Genese des modernen Coachingbegriffs wird mit Beginn der 1990er Jahre erreicht. Coaching wird – zumindest in der Vermarktung der diversen Anbieter – zu einem omnipräsenten Phänomen. RAUEN spricht daher auch von einem Modeartikel: Wer Coaching in Anspruch nahm, konnte damit unterstreichen, dass er auf der Höhe der Zeit war. Ebenso schickten sich sämtliche Unternehmensberatungen an, Coaching in ihr Angebotsportfolio aufzunehmen. Entstanden ist dabei eine Vielzahl von ‚Bindestrich-Coachings'.[61] Ebenso wurde Coaching in verschiedenen Anwendungskonstellationen (sog. Settings) etabliert. Neben dem Coaching in einer Zweierbeziehung (Einzelcoaching) entsteht nun auch das Gruppencoaching. Hier handelt es sich um eine Arbeitsform, bei dem ein oder mehrere Coaches eine Gruppe von Personen, z.B. eine Arbeitsgruppe, ein Projektteam, die Führungsmannschaft eines Organisationsbereiches usw. oder auch eine Gruppe aus einzelnen Interessenten, die in der Praxis nicht zusammenarbeiten, betreuen. Besonders fruchtbar war die fünfte Entwicklungsphase des Coaching für die Heranbildung des Methodenrepertoires.[62]

Zur Mitte bzw. gegen Ende der 1990er Jahre trat die Evolution des Coaching in die sechste Phase ein, welche bislang immer noch anhält. Es zeigte sich, dass Coaching zum einen in der Anwendung Erfolge lieferte, zum anderen aber auch den Anwendern in ihrem Ansehen bei Kollegen einen höheren Status einbrachte, da man sich ja mit einem höchst innovativen Instrument beschäftigte. Dadurch angespornt, wurde Coaching als Bezeichnung für alle nur erdenklichen Maßnahmen gewählt, BÖNING spricht daher auch von „einem inflationären ‚Container'-Wort, das für alles und jedes verwandt wurde."[63] Hier entstand eine schier unübersehbare Begriffsheterogenität, und die bereits erreichte methodische Fundierung wurde wieder verwässert,

---

[59] Vgl. RAUEN (2001), 24.
[60] Vgl. RAUEN (2001), 24.
[61] Z.B. Verkaufs-Coaching, Messe-Coaching, Crash-Coaching, Projekt-Coaching, Business-Coaching, usw. Vgl. RAUEN (2001), 25.
[62] Vgl. BÖNING (2002), 28.
[63] BÖNING (2002), 29.

was letztendlich zu Irritationen bei den Zielgruppen führte.[64] Trotz der Tatsache, dass der allzu häufige Gebrauch des Wortes Coaching nicht nur genützt hat, da in der Wahrnehmung nun völlig unklar wurde, was damit eigentlich gemeint sei, hat die sechste Phase dennoch dazu geführt, dass das Coaching eine weiterhin steigende Bekanntheit und Akzeptanz erfuhr. Ebenso konnte das Coaching auch in dieser Phase Profil gewinnen: Alle tatsächlichen (und nicht nur so genannten) Coachingvarianten haben gemeinsam, dass es zu einer prozessualen, zielorientierten Beratung kommt, bei der ein Lernen auf dem Gebiet, auf welchem der zu Coachende tätig ist, angestrebt wird[65] – und dieser Prozessberatungscharakter wurde weiter ausdifferenziert. Als Reaktion auf die zunehmende Unübersichtlichkeit der Angebote sind nun verstärkt Bemühungen zur Qualitätssicherung im Coaching feststellbar. Ziel ist dabei, Coaching als ein Instrument zu professionalisieren, welches definierten Standards genügt und somit zu verhindern, dass der Begriff Coaching allzu beliebig verwendet wird. Zugleich sollen minderwertige bzw. gar manipulierende Verfahren im Coaching geächtet werden. Es wird mittlerweile auch wissenschaftliche Forschung als Qualitätssicherungsinstanz gefordert, welche derzeit aber noch nicht genügend weit fortgeschritten ist und es wird die Notwendigkeit einer Evaluation der Coachingmaßnahmen immer stärker betont.[66] Zunehmend entstehen nun auch Ausbildungsgänge

---

[64] Vgl. NITSCH (2002), 18.

[65] Vgl. BÖNING (2002), 29.

[66] Vgl. SPIES (2004), 26-28. Zur Diskussion um die Qualitätssicherung siehe auch: OF-FERMANNS/HAGER (2004); zur aktuellen Entwicklung in der Evaluation bei Personal- und Organisationsentwicklung siehe REMDISCH/UTSCH (2004); die Qualifikationsanforderungen an den Coach beleuchtet HEß/ROTH (2001), thematisiert wird dies mittlerweile auch außerhalb des wissenschaftlichen Schrifttums (SCHWERTFEGER (2004)), was die große Popularität des Coaching und die Bedeutung der Diskussion um Qualitätssicherung und Qualifikationsanforderung belegt. OFFERMANNS beschäftigt sich ausführlich in ihrer Dissertation mit der Frage der Qualitätssicherung durch wissenschaftliche Fundierung des Coaching (OFFERMANNS (2004)) sowie im bereits genannten Artikel ‚Qualität sichern' zusammen mit HAGER (OFFERMANNS/HAGER (2004)). Ein weiterer Aspekt entstand durch die Veröffentlichung der PAS 1029 ‚Kompetenzfeld Einzel-Coaching'. Damit gehen Kompetenzdimensionen des Coaching erstmalig in das Umfeld der Normung ein. PAS (Publicly Available Specification[s]) dienen der zügigen Veröffentlichung von normähnlichen Vereinbarungen. Im Gegensatz zu Normen sind PAS keine Ergebnisse eines konsensbasierten Normungsprozesses, sondern Vereinbarungen eines Konsortiums. Sie sind nicht in der Verantwortung des DIN sondern in der Verantwortung der Ersteller. Weitere Ausführungen dazu siehe: O.V. (2004): Der geDINte Coach. Wissenschaftliche Beurteilungen von Coaching und Coaching-Ausbildungen führt derzeit

für Personen, die sich zum Coach qualifizieren wollen, was auch eine weitere Entfaltung der Methoden bewirkt, auch wenn derzeit nur wenige dieser Ausbildungen wissenschaftlichen Standards genügen.[67] Mittlerweile ist zum Teil bereits eine gewisse Abkühlung beim Einsatz von Coaching feststellbar. Deutlich wird dies z.B. bei der Trendanalyse 2004 der Twist Consulting Group. Hierbei wurden Verantwortliche der Personalabteilungen der Unternehmen nach den künftig wichtigsten Themenbereichen in der Personalentwicklung befragt.[68] Die Bedeutung insbesondere von Einzelcoaching wird in dieser Analyse zunehmend zurückhaltender eingeschätzt, insbesondere bei mittelständischen Unternehmen. Möglicherweise ergibt sich hier in Zukunft die siebte Phase der Entwicklung des Coaching, wenn die inflationäre Verwendung des Begriffs allmählich zurückgeht und Coaching mit theoretischer Fundierung künftig gezielt eingesetzt wird.

Die folgende Abbildung 1 stellt die Entwicklung des modernen Coachingbegriffs in der Wirtschaftswelt, wie im vorangehenden Kapitel vorgestellt, dar. Deutlich wird dabei, dass die früheren Ausprägungen des Coaching mit dem Entstehen von neuen Varianten nicht verschwunden sind, sondern weiterhin als mögliche Optionen zur Verfügung stehen.

Prof. Dr. H. GEIßLER, Helmut-Schmidt-Universität Hamburg (Universität der Bundeswehr Hamburg) durch, siehe auch O.V. (2004a): Jetzt auch Ausbilder im Test. Die Notwendigkeit einer fundierten Ausbildung vor der Tätigkeit als Coach wird auch in Fachmagazinen beleuchtet, vgl. O.V. (2004b). Verwiesen werden soll an dieser Stelle auch auf die Diskussion um die Berufsethik der in der Weiterbildung tätigen, z.B. thematisiert von DANNENBERG (2004), was in Abschnitt 4.2.5 auch Thema in vorliegendem Buch ist.

[67] Vgl. BÖNING (2002), 30.
[68] Vgl. HARASS/SCHUMANN (2004), 27.

1. Phase	2. Phase	3. Phase	4. Phase	5. Phase	6. Phase

,Coaching' als Marketingbegriff

Coachingmaßnahmen für diverse Anwendungsbereiche, Bindestrich-Coaching

Systematische Etablierung und Ausbau der beiden Varianten des Coaching (Coaching durch internen Mitarbeiter und Coaching durch externen Berater)

Zwei Varianten des Coaching entstehen: Coaching durch internen Mitarbeiter und Coaching durch externen Berater

Karrierebezogene Beratung im Sinne von Mentorenverhältnissen

Entwicklungsorientiertes Führen durch Vorgesetzte

1970er Jahre in den USA	1980er Jahre, vorwiegend in den USA	Mitte der 1980er Jahre	Ende der 1980er Jahre	Beginn der 1990er Jahre	Mitte / Ende der 1990er Jahre bis heute

Abbildung 1: Die Entwicklung des Coachingbegriffs.
Darstellung nach BÖNING (2002), 25 und RAUEN (2001), 25.

Für die weitere Betrachtung können nicht alle der hier beschriebenen Coachingvarianten herangezogen werden. Vielmehr soll eine Beschränkung auf die Basisformen des Coaching erfolgen, wie sie sich in der eben beschriebenen dritten und vierten Entwicklungsphase ausgeprägt haben. Um sich dem Begriff weiter anzunähern und schließlich zu Begriffsdefinitionen zu gelangen, ist es nun notwendig, eine systematische Aufgliederung der Coachingvarianten dahingehend vorzunehmen, wer Teilnehmer des Coaching ist und wer das Coaching durchführt. Dies soll im folgenden Abschnitt geschehen.

1.1.5   Systematisierung verschiedener Coachingvarianten

Der erste Zugriff zur Differenzierung der Varianten des Coaching erfolgt über die unterschiedliche Stellung des Coaches. Hier sind verschiedene Möglichkeiten zu unterscheiden: Entweder handelt es sich um einen organisationsexternen Coach oder um einen organisationsinternen Mitarbeiter. Beim organisationsinternen Mitarbeiter kann man weiter unterscheiden, ob es sich um den direkten Vorgesetzten des Coachees handelt oder um einen

14

innerbetrieblichen Coachingexperten, also z.b. um einen Mitarbeiter der innerbetrieblichen Weiterbildung bzw. der Personalabteilung. In der Literatur wird der Vorgesetzte als Coach mit ‚Linien-Coach' bezeichnet, während der Mitarbeiter aus der Personalabteilung ‚Stabs-Coach' genannt wird. Dies rührt daher, dass der eigene Vorgesetzte in der Linie vorgesetzt ist, während der Mitarbeiter aus der Personalabteilung einer Stabsstelle des Unternehmens angehört.[69]

Die zweite Differenzierung erfolgt nach Art der verwandten Sozialform. Hier ist das Einzelcoaching vom Gruppencoaching zu unterscheiden. Beim Coaching einer Gruppe könnte noch unterschieden werden, ob die Gruppe aus einer tatsächlichen Arbeitsgruppe besteht, oder lediglich aus verschiedenen Personen, die sich zum gemeinsamen Coaching zusammenfanden.

Aus pädagogischer Sicht stellen die jeweiligen Coachingsituationen (Settings) den Rahmen für die möglichen gestalterischen Überlegungen im Coaching dar und sind selbst ein wichtiges didaktisches Entscheidungsfeld.

Eine Übersicht über die verschiedenen möglichen Konstellationen im Coaching gibt die folgende Tabelle 1.

---

[69] Vgl. RAUEN (2003), 22.

		Sozialformen im Coaching	
		Einzelcoaching	Gruppencoaching
Stellung des Coaches	organisationsexterner Coach	• Verbreitete und etablierte Coachingvariante. • Coaching für Führungskräfte der oberen Ebenen oder für Freiberufler.	• Verbreitete Coachingvariante. • Optimierung der Zusammenarbeit von Gruppen, z.B. als begleitende Maßnahme bei der Teamentwicklung.
	organisationsinterner Coach	• Zunehmend an Bedeutung gewinnende Variante der Personalentwicklung. • Coaching für Führungskräfte und Mitarbeiter der mittleren bis unteren Organisationsebene.	• Sich zunehmend verbreitende Coachingvariante. • Optimierung der Zusammenarbeit von Gruppen; insbesondere bei größeren oder mehreren Gruppen arbeiten hier zunehmend interne und externe Coaches zusammen.
	Vorgesetzter als Coach seiner Mitarbeiter	• Ursprüngliche Cochingvariante. • Teil der entwicklungsorientierten Führungsaufgabe eines Vorgesetzten; richtet sich daher an unterstellte Mitarbeiter als Zielgruppe.	• Gehört eher nicht zu den engeren Aufgaben einer Führungskraft, da es zumeist die Kompetenz und den Zeitrahmen übersteigen würde.

Tabelle 1: Mögliche Konstellationen (Settings) im Coaching. Nach RAUEN (2003) 22.

Für den weiteren Fortgang erfolgt, wie bereits in Abschnitt 1.1.2 angekündigt, im Wesentlichen eine Beschränkung auf das Coaching durch einen internen oder externen Erwachsenenbildner. Insgesamt ist die Form des Coaching als Führungstechnik aus Sicht der Erwachsenenbildung noch nicht primärer Gegenstand ihrer Forschung; Führungsforschung wird als Personalführung im Wesentlichen durch die Wirtschaftswissenschaft betrieben, unterstützt z.B. durch Soziologie und Psychologie, obwohl Führung natürlich auch ein pädagogisches Phänomen ist, und die mangelnde Aktivität der Pädagogik in diesem Bereich beklagt wird.[70] Als generelles Problem des Linien-Coaching erweist sich jedoch die oft mangelnde Qualifikation der Führungskräfte als Coaches[71], was auf die mangelnde pädagogische Kompetenz der Führungskräfte zurückführbar ist.[72]

Das Coaching durch einen Unternehmensexternen weist auf Grund der Stellung des Coaches die höchsten Freiheitsgrade hinsichtlich behandelbarer Themen und möglicher Hierarchiegruppen auf. So sind personenzentrierte Inhalte auf Grund der Vertraulichkeit immer dann eher möglich, wenn es sich beim Coach nicht um einen – hierarchisch im Vergleich zu dem oder den zu coachenden Kollegen vielleicht sogar niedriger stehenden – Mitarbeiter der eigenen Organisation handelt. Nachteilig am organisationsexternen Coach wirkt sich aus, jedoch gilt dies generell für externe Weiterbildner, dass ein Externer nie über das gleiche Wissen und die gleichen Erfahrungen hinsichtlich Unternehmenskultur, Gepflogenheiten, Arbeitsumfeld und informellen Regelungen verfügt.[73]

Inwieweit ein unternehmensinterner Coach erfolgreich wirken kann, hängt von vielen Faktoren ab. So kann der Mitarbeiter der Weiterbildungsabteilung, welche möglicherweise sogar als Tochterunternehmen geführt wird, in einem großen Konzern durchaus eine dem unternehmensexternen Coach vergleichbare Stellung erreichen. Genauso ist es aber denkbar, dass durch das Beziehungs- und Hierarchiegeflecht eines Unternehmens der interne Coach auf berufliche Themen festgelegt wird, und dass die Zielgruppe sich auf rangniedrigere bzw. ranggleiche Kollegen beschränkt. Unter Umständen hat ein interner Coach Akzeptanzprobleme, da er oft Mitarbeiter der Perso-

---

[70] Vgl. FELL (1993), 113. Die griechische Wortherkunft der Pädagogik lässt die Thematik ‚Führung' auch deutlich aufscheinen.
[71] Vgl. WEIDENMANN (2001), 350.
[72] Vgl. FELL (1993).
[73] Vgl. MAAß/RITSCHL (1997), 46.

nalabteilung ist und ihm daher mangelnde Neutralität unterstellt wird. Dies kann dazu führen, dass das gewünschte Vertrauensverhältnis zwischen Coach und dem zu coachenden Mitarbeiter nicht entsteht.[74]

Hinsichtlich der Größe der Zielgruppe ist das Coaching einer Einzelperson die verbreitetste Variante, wenngleich für den Erwachsenenbildner dies auch die ungewöhnlichste Sozialform darstellt. Man kann sicherlich behaupten, dass meist das Einzelcoaching gemeint ist, wenn von Coaching die Rede ist, was sich großteils an der Tatsache zeigt, dass die meisten Veröffentlichungen zum Thema sich mit dieser Form des Coaching auseinandersetzen.[75] Innerhalb derjenigen, die sich mit Coaching befassen, gibt es eine große Gruppe, welche das Einzelcoaching durch einen organisationsexternen Coach als die einzige richtige Form des Coaching betrachtet[76], Coaching wird hierbei als „sehr intimer Prozess der persönlichen Beratung"[77] beschrieben. Dies kommt sicher auch daher, dass das Coaching einer Einzelperson eine Urvariante des Coaching darstellt, bevor Gruppenformen entwickelt wurden.

Ist die Zielgruppe des Coaching eine Mehrzahl von Personen, die gemeinsam gecoacht werden, spricht man entweder von Gruppen- oder von Teamcoaching. Der Unterschied zwischen den beiden Arten des Coaching ist, dass beim Gruppencoaching jeder der Teilnehmer *für sich* einen Coachingprozess möchte, beim Teamcoaching geht es um ein *gemeinsames Anliegen* z.B. einer Arbeitsgruppe[78]. An Vorzügen des Gruppencoaching ist insbesondere der Kostenvorteil zu nennen. Weiterhin bietet das Coaching in einer Gruppe natürlich ganz andere Möglichkeiten des Austauschs untereinander als das Coaching einer Einzelperson. Dies kann ein gewünschter Effekt sein, um mehr als die Wahrnehmung einer einzelnen Person in das Coaching einzubringen.[79] Nachteilig am Coaching einer Gruppe – sei es eine Gruppe von

---

[74] Vgl. NITSCH (2002), 28.
[75] Vgl. NITSCH (2002), 30.
[76] Vgl. RAUEN (2002), 81.
[77] JÜSTER u.a. (2002), 50.
[78] Vgl. VOGELAUER (2005), 6. VOGELAUER erwähnt auch noch als eine besondere Form des Team-Coaching das sog. Corporate-Coaching. Davon kann gesprochen werden, wenn es sich bei dem zu coachenden Team um die Leitungsgruppe eines Unternehmens bzw. einer Organisation handelt. Diese Unterscheidung mag für die Praxis relevant sein, ist in der abstrahierenden theoretischen Betrachtung des Coaching jedoch eher von untergeordneter Bedeutung und wird daher nicht weiter verfolgt.
[79] Vgl. RAUEN (2002), 84.

Einzelpersonen oder aber ein Team – ist, dass die Themen, welche hier behandelt werden können, naturgemäß eingeschränkt sind, da die Vertraulichkeit nicht in dem Maße wie beim Einzelcoaching gewahrt werden kann. Darüber hinaus ist die Offenheit der einzelnen Teilnehmer eingeschränkt. Ein Kritikpunkt ist die Argumentation, dass es sich beim Team- oder Gruppencoaching um keine wesentlich neue Arbeitsform handelt, sondern um eine Arbeitsweise, die aus Maßnahmen der Erwachsenenbildung wie Seminaren oder dem Begleiten einer Teamentwicklung seit langem bekannt ist und erfolgreich praktiziert wird. Damit steht auch der Vorwurf im Raum, dass es sich beim Coaching einer Gruppe nicht um ein neues Verfahren handelt, sondern die Bezeichnung Coaching nur gewählt wird, um neue Kundenstämme zu erschließen.[80]

1.1.6 Wurzeln des heutigen Verständnisses von Coaching

Als Abrundung der im Kapitel 1.1 aufgezeigten Entwicklungen ist es nun möglich, die Wurzeln und theoretischen Bezüge des heutigen Coaching im Sinn einer Personal- und Organisationsentwicklungsmaßnahme[81] darzustellen. Dies ist auch für die im Rahmen der Definitionsherleitung noch zu liefernde Abgrenzung von anderen Maßnahmen relevant, da sich Coaching, wenn es eine innovative Arbeitsform sein will, von diesen unterscheiden muss. Einen Überblick über die Wurzeln des heutigen Verständnisses von Coaching als eine Maßnahme der Personal- und Organisationsentwicklung gibt Abbildung 2:

---

[80] Vgl. NITSCH (2002), 36. Diese Argumentation mit ausführlichen Literaturverweisen findet sich u.a. bei: RAUEN (2002), 84-88.
[81] Definitorische Abgrenzungen zu den Begriffen Personal- und Organisationsentwicklung finden sich in Abschnitt 1.2.1 dieser Arbeit.

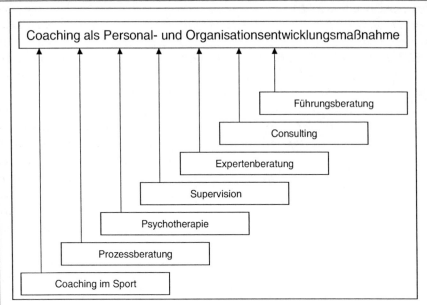

Abbildung 2: Wurzeln des heutigen Verständnisses von Coaching als Personal- und Organisationsentwicklungsmaßnahme. Eigene Darstellung nach BÖNING (2002), 25 und RAUEN (2001), 25.

Coaching stellt eine aus der Praxis entstandene Beratungsform dar. Daher hat sie keinen eindeutigen theoretischen Hintergrund. Dies wir deutlich wenn man die Einflüsse betrachtet, welche im Verlauf der Entwicklung des Coaching Wirkung entfaltet haben. Die ursprünglichen Wurzeln des Coaching sind im Sportbereich zu sehen. Wichtige Anregungen aus der Psychologie, die in den Coachingkonzepten aufgegriffen wurden, kamen z.B. aus der von SCHEIN entwickelten Prozessberatung[82], welche im Rahmen

---

[82] Die Prozessberatung wurde ab Ende der 1960er Jahre von E. H. SCHEIN entwickelt und von ihm in verschiedenen Publikationen ausformuliert. Sie beruht auf der Humanistischen Psychologie (einer der bekanntesten Vertreter dieser psychologischen Richtung ist C. R. ROGERS). Die Humanistische Psychologie entstand in den 1960er Jahren und betrachtet den Menschen vorwiegend als agierendes Wesen und nicht hauptsächlich als triebgesteuert (Psychoanalyse) oder durch Reiz und Reaktion (Behaviorismus) determiniert. Kern der Prozessberatung ist, dass der Berater dem Klienten keinen Ratschlag im fachlichen Sinn für seine Problemstellung erteilt, sondern den Klienten z.B. durch eine Fragetechnik dahin führt, die Lösung selbst zu entwickeln. Die Prozessberatung sieht den Ratsuchenden als ‚Experten in eigener Sache' und will ihn in die Lage versetzen, sein Anliegen eigenständig

der Humanistischen Psychologie entwickelt wurde, die wiederum auf den Existentialismus und auf humanistisches Gedankengut zurückgreift. Aus der Psychotherapie kamen vor allem Anregungen hinsichtlich der Methodik in das Coaching. Dennoch geht – wie später noch gezeigt wird – der Einsatz psychotherapeutischer Methoden nicht soweit, dass das Coaching mit einer Therapie vergleichbar wird.[83] Weitere Anregungen kamen ins Coaching durch die aus dem Sozialbereich seit Jahrzehnten bekannte Supervision. Supervision ist dem Coaching in vielerlei Hinsicht ähnlich, jedoch werden bei der Supervision kaum Managementaufgaben bearbeitet[84] und es erfolgt eine Konzentration auf emotionsorientiertes Lernen.[85] Supervision kann als Unterstützung bei der Bewältigung beruflicher Aufgaben und der Reflexion beruflichen Handelns bezeichnet werden und hat damit eine ähnliche Ausrichtung wie das Coaching. Durch den Einfluss der Supervision gingen z.B. die methodischen Erfahrungen insbesondere der Bearbeitung von Beziehungen[86] sowie Ideen der kollegialen Beratung[87] in das Coaching ein. Sachlich-fachliche Inhalte – mit Ausnahme der Erarbeitung methodischer Kompetenz – sind jedoch weniger Gegenstand der Supervision. Coaching ist nach Meinung der meisten Autoren sowohl auf der fachlichen Ebene angesiedelt als auch im Sinn einer Prozessberatung zu sehen. Im Gegensatz zur Supervision fließen deshalb auch rein fachliche Themen in das Coaching mit ein. Hier haben die Einflüsse aus der Expertenberatung und der Unternehmensberatung (consulting) ihre Spuren hinterlassen: „Grundsätzlich braucht der Coach ohnehin oftmals Expertenwissen jenseits der Prozessberatung, um als Berater überhaupt vom Klienten akzeptiert zu werden."[88] Da Coaching oftmals im Führungskräftebereich angewendet wird, und eine der anfangs dargestellten Entwicklungslinien des Coaching aus der Förderung von Nachwuchsführungskräften herrührt, ist es nicht verwunderlich, dass auch die Erfahrungen aus der Führungsberatung einen Teil der Wurzeln der heutigen Coachingpraxis darstellen.

---

zu bewältigen. Die Ideen der Prozessberatung finden sich heute nicht nur in bestimmten Formen des Coaching, sondern beispielsweise auch bei der klientenzentrierten Gesprächsführung und bei der Mediation.

[83] Vgl. RAUEN (2001), 67-69.
[84] Vgl. SCHREYÖGG (2003), 51.
[85] Vgl. SCHREYÖGG (2003), 61-64.
[86] Vgl. RAUEN (2003), 7f.
[87] Vgl. WEIDENMANN (2001), 352-354.
[88] RAUEN (2003), 10.

1.2 Definitionsansätze zu Coaching

Bereits nach dem Abschnitt 1.1 mit der noch eher vagen Beschreibung dessen, was heute als Coaching verstanden wird, dürfte ausreichend klar geworden sein, dass es keine eindeutige Übereinstimmung darüber gibt, was genau Coaching bezeichnet. Dass aber die Abgrenzung bei einem Begriff, über dessen Inhalt und Bedeutung kein allgemeiner Konsens der Wissenschaftsgemeinschaft besteht, ein wichtiges Unterfangen in dazu veröffentlichten Texten ist, um Äußerungen entsprechend einordnen zu können, haben nahezu alle Autoren, die zum Thema Coaching schreiben, erkannt. Nicht ohne Grund enthalten daher die meisten Werke einige Ausführungen bzw. ein Kapitel, in welchem näher ausgeführt wird, was der jeweilige Autor unter Coaching eigentlich versteht. Leider ist hierbei ein spezifisch pädagogischer oder gar erwachsenenbildnerischer Blickwinkel kaum vorhanden.[89] Daher ist beim nun folgenden Vergleich und der Analyse verschiedener Coachingdefinitionen auch der Versuch zu unternehmen, eine spezifisch pädagogische Sichtweise zu besetzen. Zugleich stellt die Analyse der verschiedenen Definitionen und Abgrenzungen des Coaching auch einen groben Einblick in den gegenwärtigen Stand der Diskussion um dieses Thema dar.

1.2.1 Anwendungsbereiche und Ziele von Coaching

Um später die Definitionen von Coaching der diversen Autoren zu untersuchen und zu verstehen, ist es notwendig, die verschiedenen Einsatzbereiche des Coaching zu beleuchten. Es erfolgt daher eine Erörterung der Ziele und Einsatzbereiche, bei denen Maßnahmen zum Einsatz kommen, welche üblicherweise als Coaching bezeichnet werden. In der Literatur werden zunächst zwei Anwendungsbereiche unterschieden: Einerseits können es berufliche Gründe sein, andererseits gibt es auch im persönlichen Bereich Gründe, die ein Coaching angezeigt erscheinen lassen – zumindest wurde diese Unterscheidung so von RAUEN getroffen. RAUEN[90] führte in der aktuellen Literatur eine umfangreiche Recherche nach dort genannten Gründen für Coaching durch, deren Ergebnisse in den weiter unten folgenden Tabellen 2

---

[89] Selbst GEIßLER, der als Professor für Berufs- und Betriebspädagogik aus erziehungswissenschaftlichem Kontext entstammt, betrachtet Coaching teilweise auch aus psychologischem Blickwinkel. Vgl. GEIßLER, H. (2004).

[90] Vgl. RAUEN (2001), 31-33. Hier auch Angabe der ausgewerteten Literaturquellen.

und 3 zusammenfassend wiedergegeben sind. Allerdings können die von RAUEN gewählten Oberbegriffe nicht übernommen werden. In pädagogischer Hinsicht handelt es sich dabei weniger um Gründe, welche zu einem Coaching führen, sondern um Zielstellungen,[91] die mittels eines Coaching zu erreichen versucht werden. Auch scheint die von RAUEN getroffene Trennung der Gründe und ihre Bezeichnung als ‚berufliche' und ‚persönliche' Gründe nicht ganz den Kern zu treffen. Es bietet sich eher an, zwar einerseits von vorwiegend persönlichen Bildungszielen zu sprechen, die mit dem Coaching erreicht werden sollen, andererseits handelt es sich aber um organisationale Bildungs- bzw. Entwicklungsziele, die ebenso mittels Coaching angestrebt werden. Damit wird Coaching einerseits zum Instrument der Personalentwicklung und andererseits zum Instrument der Organisationsentwicklung.[92]

Personalentwicklung ist nach MÜNCH die personalwirtschaftliche Funktion, welche Maßnahmen durchführt, „die geeignet sind, die Handlungskompetenz der Mitarbeiter weiterzuentwickeln, zu erhalten und ständig zu erneuern, und zwar mit dem Ziel, den Unternehmenserfolg unter weitestgehender Berücksichtigung der Mitarbeiterinteressen zu sichern."[93] Mit dieser Definition von Personalentwicklung kann auch die Erwachsenenbildung gut leben, wird doch eine Engführung auf eine bloße Qualifikation unter rein unternehmerischem Interesse verzichtet. Das Ziel des Unternehmenserfolgs muss unter den Gegebenheiten der sozialen Marktwirtschaft anerkannt werden, denn „der Betrieb ist eine Stätte der Werterzeugung und Leistungserstellung und insofern auch eine soziale Gemeinschaft, in der aber die Unternehmenspolitik die Maximen festlegt und nicht der einzelne selbst."[94] Personalentwicklung muss aber, will sie nicht nur Qualifikation sondern auch Bildung sein, dennoch neben fachlichen Qualifikationen auch „methodische Fähig-

---

[91] Die generellen Zielstellungen müssen in der konkreten Situation dann noch zu konkreten operationalisierbaren Zielen ausformuliert werden.

[92] Auf die Problematik, dass die Entwicklung einer Organisation letztendlich auch nur durch die Entwicklung der einzelnen Menschen ermöglicht wird, welche die Organisation bilden oder Einfluss auf sie ausüben, sei an dieser Stelle verwiesen ohne darauf näher einzugehen. GEßNER sieht Coaching nicht als Instrument der Organisationsentwicklung an sich, muss aber der These zustimmen, dass Coaching im Rahmen von Maßnahmen der Organisationsentwicklung seinen Platz hat, wenn damit einzelne Organisationsmitglieder gefördert werden. Vgl. GEßNER (2000), 32.

[93] MÜNCH (1995), 15-16.

[94] JENDROWIAK, 1996, 72.

keiten, soziale Kompetenz"[95] beinhalten und auch Raum für Reflexion des eigenen und gesellschaftlichen Handelns sowie der eigenen Person bieten. Organisationsentwicklung kann nach BECKER als die „Veränderung der organisatorischen Strukturen und Prozesse sowie des Verhaltens der Mitarbeiter eines Betriebes"[96] definiert werden, wobei neben der Leistungsfähigkeit des Betriebs auch die Humanisierung der Arbeit[97] ein Ziel der Organisationsentwicklung ist. Personalentwicklung – wie auch die Organisationsentwicklung – kann in Unternehmen[98] durch unterschiedliche Strategien geprägt sein. Eher reaktiv orientierte Betriebe setzten die Personalentwicklung als pragmatisches Mittel zur Anpassung der Belegschaft an neue Anforderungen ein, ohne großen Planungsaufwand zu betreiben und ohne eine weiter vorausschauende Planung der Personalentwicklung vorzunehmen. Strategisch-innovative Betriebe hingegen begreifen die Personalentwicklung als Teil der strategischen Fortentwicklung des Unternehmens, betreiben entsprechend Planungsaufwand und neigen zu einem eher kooperativen Vorgehen in enger Abstimmung mit den Mitarbeitern.[99]

---

[95] BOSCH u.a. (1995), 212.
[96] BECKER (1994), 275.
[97] Vgl. BECKER (1994), 275.
[98] Mit Unternehmen und Betrieben sind hier nicht nur die landläufig darunter verstandenen auf erwerbswirtschaftliche Ziele gerichteten Unternehmen und deren Betriebe verstanden. Gemeint sind hier auch z.B. alle nicht-gewinnorientierten Organisationen oder Einrichtungen der öffentlichen Hand.
[99] Vgl. DOBISCHAT (1999), 649f.

Coaching in der Personalentwicklung	
Sachkompetenz (Fach-/ Methoden-kompetenz)	Umgang mit komplexen Strukturen beherrschen
	Verbessern der Managementkompetenzen
Sozialkompetenz	Auflösen unangemessener Verhaltens-, Wahrnehmungs- und Beurteilungstendenzen
	Verbessern der Sozialkompetenzen (z.b. kommunikative Kompetenz)
	Unterstützung beim Bewältigen akuter Konflikte, Reflexion des Verhaltens in konfliktträchtigen Situationen
	Erweitern des Verhaltensrepertoires (z.b. Flexibilisierung von Verhalten)
Persönlichkeits-kompetenz	Umgang mit persönlichen Krisen lernen
	Lebens- und Karriereplanung
	Persönlichkeitsentwicklung, Entwicklung vorhandener Potenziale
	Reflexion (z.b. der Berufsrolle)
	Erfolgreicher Umgang mit Stress: Prävention und Abbau von Stress und Burnout-Syndrom, Bewältigungsstrategien
	Vorbereitung auf neue Aufgaben und Situationen (z.b. auch auf den Ruhestand)
	Bewältigung ethischer Probleme, Bearbeitung inadäquater Wertvorstellungen
	Abbau von Blockaden im Bereich der Leistung, Motivation und Kreativität
alle Kompetenzbe-reiche betreffend	Unterstützung durch Feedback eines kompetenten Gesprächspartners
	Entwicklung von Mitarbeitern zu Spitzenmitarbeitern mit hoher Leistungsfähigkeit

Tabelle 2: Ziele des Coaching in der Personalentwicklung. Eigene Zusammenstellung. Inhalte basierend auf RAUEN (2001), 31-33.

Coaching in der Organisationsentwicklung	
Ziele zur Gestaltung der Organisationsstruktur	Bearbeiten und Lösen von Problemen, die durch Organisationsstrukturen sowie deren Änderung entstehen
	Bewältigen komplexer Probleme (z.B. hohe Fluktuation, zu lange Entwicklungszeiten, fehlerhafte Kontrollsysteme,...)
	Beseitigen von Stillstand in der Organisation (z.B. Stagnation von Umsatz, Innovationsmangel, stagnierende Märkte,...)
	Bewältigen veränderter Rahmenbedingungen: Strukturwandel, ausgelöst z.B. durch Entwicklung zur Dienstleistungsgesellschaft, demografische Veränderungen, europäische Einigung, veränderte Arbeitsstrukturen usw.
Ziele zur Gestaltung der Organisationskultur und des Führungsstils	Einführen eines neuen Wertesystems (z.B. neue Konfliktkultur, Integration neuer Werte und Leitbilder bei Firmenübernahmen und Fusionen)
	Verändern des Führungsstils in einer Organisation
	Fördern von Teamarbeit, bereichsübergreifenden Arbeitsgruppen, Projekte
	Lösen / Bearbeiten von Konflikten in der Organisation
	Nacharbeiten und Ersatz von Trainings, Seminaren und Führungsschulungen
	Bearbeiten von Diskrepanzen zwischen Unternehmenskultur und tatsächlichem Verhalten in der Organisation
	Integration neuer Organisationsmitglieder
	Befriedigen des Bedürfnisses nach Selbstbestimmung und Selbstverantwortung der Mitarbeiter

Tabelle 3: Ziele des Coaching in der Organisationsentwicklung. Eigene Zusammenstellung. Inhalte basierend auf RAUEN (2001), 31-33.

Es liegt auf der Hand, dass die in den Tabellen formulierten Ziele der Coachingmaßnahmen nur eingeschränkt im Rahmen einer reaktiven Personalentwicklungsstrategie erreicht werden können. Vollumfänglich sind die Ziele am ehesten in einer strategisch-kooperativen Ausrichtung erreichbar. Aus Sicht des Erwachsenenbildners ist eine solche Strategie, welche auf die

Zukunft hin orientiert ist und die Betroffenen als mündige Personen beteiligt, selbstverständlich einer reaktiven Personalentwicklung vorzuziehen. In der Betrachtung der aufgeführten Ziele zeigt sich, dass die Coachingmaßnahmen im Wesentlichen bei zwei Anlässen eingesetzt werden: Zum einen handelt es sich dabei um die Bewältigung von Krisen, zum anderen um die Suche nach Verbesserungen.[100] Hier zeigt sich, dass mittels Coaching nicht nur reaktive Zwecke (Krisenbewältigung) verfolgt werden, sondern auch präventive Zielsetzungen (Suche nach Verbesserungen ohne aktuelle Krisensituation) angestrebt werden: Coachingmaßnahmen werden auch eingesetzt, damit es nicht zu Problemen auf Ebene der Person oder der Organisation kommt. Demgegenüber greift Beratung oder Personal- und Organisationsentwicklung mit herkömmlichen Maßnahmen oft erst dann ein, wenn bereits Schwierigkeiten aufgetreten sind.[101] Die Debatte um Coaching kann hier auch Denkanstöße vermitteln, dass Maßnahmen im Rahmen der Personal- und Organisationsentwicklung mitunter durchaus auch präventiven Charakter haben sollten. In der außerbetrieblichen also ‚traditionellen' Erwachsenenbildung ist diese Tatsache nichts Neues: Krisenbewältigung und Prävention[102] wird hier seit langem als Aufgabe wahrgenommen.[103] Formuliert man ‚Krisenbewältigung' und ‚Suche nach Verbesserungen' als die beiden Oberbegriffe für Coachinganlässe in Ziele um, strebt Coaching als Generalziele zum einen die Entwicklung bzw. Förderung „selbstgestaltender Potenziale, [...] wenn durch nicht bewältigte Situationen die Möglichkeit aktiver Gestaltung teilweise verloren ging" an, zum anderen die „Steigerung beruflicher Qualifikationen".[104]

Die Ziele, welche durch Coaching in der Personalentwicklung verfolgt werden, lassen sich auch – wie in Tabelle 2 bereits vorgenommen – in verschiedene Bereiche der Handlungskompetenz gliedern. Als Bezugsrahmen kann

---

[100] SCHREYÖGG nennt Krisen als den häufigsten und naheliegendsten Anlass, bei dem Coaching zum Einsatz kommt. Diese Krisen können dabei sowohl auf den Einzelnen wie auch auf die Organisation bezogen sein. Der Einsatz von Coaching in nicht-krisenhaften Situationen erfolgt nach SCHREYÖGG vor allem dann, wenn berufliche Entwicklungen bzw. organisationale Gegebenheiten verbessert werden sollen. Vgl. SCHREYÖGG (2003), 97ff.
[101] Vgl. RAUEN (2001), 33 und auch BAYER (1995), 103.
[102] Vgl. SCHUCHARDT (1999), 566-580.
[103] Wegweisende Ausführungen zur Krisenhaftigkeit des Erwachsenen aus Sicht eines Erwachsenenbildners finden sich bei PÖGGELER in seiner Anthropologie des Erwachsenen „Der Mensch in Mündigkeit und Reife". Vgl. PÖGGELER (1964).
[104] SCHREYÖGG (2003), 155.

hier beispielsweise das in der Pädagogik oft verwandte Kompetenzmodell von HÜLSHOFF[105] dienen. Ursprünglich wurden drei Kompetenzbereiche unterschieden: Selbstkompetenz (auch: Persönlichkeitskompetenz), Sachkompetenz und Sozialkompetenz[106]. Mittlerweile hat es sich z.t. durchgesetzt, die Sachkompetenz in Fachkompetenz und Methodenkompetenz zu differenzieren.[107] Alle Kompetenzbereiche *zusammen* bilden die berufliche Handlungskompetenz. HÜLSHOFF gibt zu Bedenken, dass in den vergangenen Jahren insbesondere das Wissen, also die Fachkompetenz, überschätzt wurde[108]. Zu beruflicher Handlungskompetenz gehört aber mehr:

„'Handlungskompetenz' umfasst also neben dem ‚Wissen' *(der fachlichen Kompetenz),* das ich für eine bestimmte Tätigkeit benötige, auch die Fähigkeit, dieses ‚Wissen' in die ‚Tat' umsetzen zu können *(Methodenkompetenz).* Auf Grundlage eines fachlichen Durch- und Überblicks handeln zu können, bedeutet jedoch, daß ich zudem fähig und bereit bin, mit anderen zusammenzuarbeiten, mit andern zu kommunizieren *(Soziale Kompetenz).* Selbst dieses Wissen *(Fachliche Kompetenz),* dieses Umsetzenkönnen *(Methodenkompetenz)* und dieses Umgehenkönnen mit anderen *(Soziale Kompetenz)* reicht noch nicht aus, um eine Tätigkeit ‚handlungskompetent' ausüben zu können: Dazu bedarf es in meinem Ich- oder Selbstkonzept einer mich prägenden und orientierenden Identifikation mit grundlegenden Werten und Überzeugungen, der *Persönlichen Kompetenz*"[109]

HÜLSHOFF ist der Auffassung, dass die beruflichen Herausforderungen nur durch diese ganzheitliche Handlungskompetenz als Schnittmenge aller vier Dimensionen (vgl. Abbildung 3) bewältigt werden können. Personalentwicklung hat dann die Aufgabe, möglichst alle vier Kompetenzdimensionen zu fördern, wobei die Einsatzszenarien von Coaching weniger im Bereich der reinen Förderung von Fachkompetenz liegen. Neben fachlichen Inhalten stehen die Gebiete der Persönlichkeits-, Methoden- und Sozialkompetenz im

---

[105] Es erfolgt hier insbesondere der Rückgriff auf das Kompetenzmodell von HÜLSHOFF. Kurz dargestellt beispielsweise in DEWE 2000, 363-367. Zu weiteren Kompetenzmodellen im Zusammenhang mit Personalentwicklung bzw. Personalauswahl siehe auch KAUFFELD/GROTE (2002), 32 und ZIMMER/BRAKE (1993), 32.

[106] Vgl. PASCHEN (1999), 303.

[107] HUFNAGL nennt als fünfte Kompetenzdimension – insbesondere für Führungskräfte – die ‚Unternehmerische Kompetenz'. Bei genauer Betrachtung der Einzelkriterien dieses Kompetenzbereichs zeigt sich aber, dass die Inhalte dieses Kompetenzbereichs auch unter den anderen vier Kompetenzbereichen subsummiert werden können, vgl. HUFNAGL (2002), 16-17.

[108] Vgl. DEWE (2000), 366-367.

[109] DEWE 2000, 365-366; Textauszeichnungen im Original.

Vordergrund. Damit kann ein Ausgleich zur von HÜLSHOFF beklagten einseitigen Förderung der Fachkompetenz geschaffen werden. Es bleibt allerdings darauf hinzuweisen, dass das Ziel des Coaching nicht mit dem Erreichen von Kompetenz erfüllt ist: Kompetenz bezeichnet lediglich den Zustand der Kenntnis, der tatsächliche Gebrauch der Kenntnisse in der Handlungssituation wird mit Performanz bezeichnet.[110] Bleibt eine Maßnahme der Personal- oder Organisationsentwicklung also auf der Ebene der Kompetenz stehen, wird sie für den Einzelnen wie auch die Organisation weitgehend wirkungslos bleiben. Die angesprochenen Kompetenzdimensionen sind in der Abbildung 3 dargestellt:

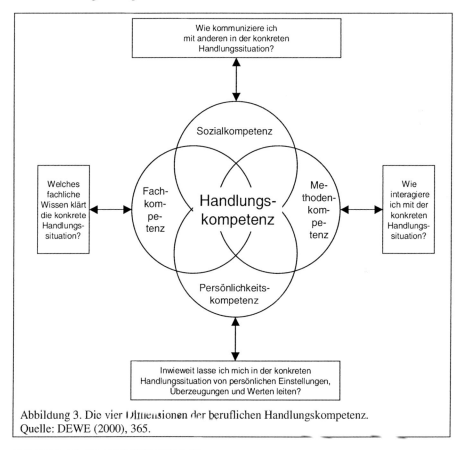

Abbildung 3. Die vier Dimensionen der beruflichen Handlungskompetenz.
Quelle: DEWE (2000), 365.

---

[110] Vgl. PASCHEN (1999), 303.

Zum Abschluss des Abschnitts über Ziele im Coaching scheint es ange-
bracht, einen Exkurs zum Wesen der Bildungsziele einzuflechten. Die For-
mulierungen der Ziele, welche mit Coaching zu erreichen versucht werden,
beinhalten immer auch eine Wertentscheidung. Zwar handelt es sich bei den
angeführten Zielstellungen und den daraus abzuleitenden konkreten Zielbe-
schreibungen nicht um Bildungsideale oder Bildungsziele der obersten Ebene, aber trotzdem können auch diese Teilziele nicht wertfrei formuliert werden, sondern bedingen die Festlegung z.b. auf ein Menschenbild. Nach ER-
LINGHAGEN ist die Reflexion über diese Teilziele sogar primär wichtig, da
Bildungsgesamtziele meist so allgemein formuliert sind, dass es sich um
Leerformeln handelt. Gestalt gewinnen Bildungsabsichten immer erst in der
konkreten Ausformulierung der Teilziele, welche die umgebende Kulturwelt
mit ihren Werthaltungen und Normsetzungen bewusst macht.[111] Die Festlegung von Erziehungszielen der obersten Ebene bewegt sich im westlichen
Kulturkreis seit dem 17. Jahrhundert zwischen der sog. sozialen Option, also
der Erziehung zur bürgerlichen Vernunft, welche auf LOCKE zurückgeführt
werden kann und der anthropologischen Option, welche insbesondere auf
ROUSSEAU zurückgeht. OELKERS vertritt die Ansicht, dass eine demo-
kratische Pädagogik nur in diesem Spannungsfeld der Ziele entwickelt werden kann. Eine Bildung, die rein ‚zum Menschen hin' bilden will, ohne
zugleich ein objektives Gegenüber z.B. in Gestalt von Gesellschaft und Kultur zu haben, bleibt eine rein individuelle und subjektive Angelegenheit ohne
politisches Fundament.[112] Diesem Anspruch können sich auch die Zielfor-
mulierungen im Coaching nicht entziehen, indem insgesamt sowohl die Ansprüche individueller Entwicklung als auch gesellschaftlich-ökonomische
Notwendigkeiten Berücksichtigung finden müssen. Dem Teilnehmer muss
dabei auch immer neben der Selbstreflexion (‚Bildung zum Menschen hin'
nach ROUSSEAU) eine Auseinandersetzung mit Zivilisations- und Kultur-
gütern (objektives Gegenüber an Inhalten gemäß LOCKE) ermöglicht werden.
Ziele stellen auch per se die Festlegung auf das dar, was derjenige, der die
Ziele formuliert, als das Gute und Erstrebenswerte betrachtet. Die Prozesse,
welche die Ziele umsetzen sollen, sind dementsprechend als „Beförderungen
des je Guten, also der Ziele"[113] zu verstehen. Die jeweiligen Ziele und ihre

---

[111] Vgl. ERLINGHAGEN (1977), 136.
[112] Vgl. OELKERS (1999), 178.
[113] OELKERS (1999), 178.

jeweils angestrebte konkrete Umsetzung durch Coaching sind daher kritisch zu hinterfragen, ob die Ziele mit den Werthaltungen des Erwachsenenbildners in Einklang zu bringen sind. Die Werthaltungen werden dabei z.b. durch weltanschauliche und ethische Bezüge determiniert. Werthaltungen müssen sich dabei aber nicht nur in der Formulierung der Bildungs(teil)ziele niederschlagen, auch auf der Prozessebene müssen sie spürbar werden. Anders ausgedrückt: Das Gute (Ziel) kann auch nur durch Gutes (einen den ethischen Maßstäben genügenden Prozess) befördert werden. Der Zweck heiligt also nicht die Mittel. Gerade bei pädagogischen Maßnahmen, wie dem Coaching, das ja auch Einflüsse der Psychotherapie beinhaltet, ist es deshalb wichtig, dass Methoden nicht „als Mittel geistiger Abrichtung, Indoktrination und Manipulation angewandt werden."[114]

1.2.2 Abgrenzung von anderen Beratungs- und Interventionskonzepten

Nachdem nun Anwendungsbereiche und mögliche Ziele des Coaching aufgezeigt wurden, erfolgt ein weiterer Schritt der Erarbeitung einer Definition über den Weg des Ausschlussverfahrens: Es soll gezeigt werden, was Coaching *nicht* ist, also die Abgrenzung von ähnlichen Beratungs- und Interventionskonzepten.

Zunächst sind hier die drei Begriffe Beratung, Intervention und Prävention zu klären. Mit Beratung wird eine Interaktion bezeichnet, an der mindestens zwei Personen oder Institutionen beteiligt sind, und deren Ziel in der Hilfe für eine der beiden Parteien besteht. Mittels Beratung soll ein als problematisch empfundener Zustand geklärt und die Entscheidungsunsicherheit reduziert werden.[115] Mit Intervention bezeichnet man hingegen den aktiven Eingriff in das Geschehen. Ziel ist hier die Beseitigung eines unerwünschten Phänomens. Prävention bezeichnet Maßnahmen, die das erstmalige Auftreten eines Problems verhindern sollen.[116] Coaching setzt, je nach Ausprägung, alle drei Arten von Konzepten um, genauso wie Maßnahmen der klassischen Erwachsenenbildung sowohl Beratung als auch Intervention oder Prävention

---

[114] FELL (1984), 28.
[115] Vgl. SCHWARZER/BUCHWALD (2001), 568-569.
[116] Vgl. SCHWARZER/BUCHWALD (2001), 569-570.

sein können.[117] Zu ergänzen wäre bei diesen der Pädagogischen Psychologie entnommenen Begriffsabgrenzungen, dass eine pädagogische Intervention durchaus nicht nur in der Beseitigung eines unerwünschten Phänomens ihr Ziel haben muss, viel öfter wird die Herbeiführung eines gewünschten Zielzustands die Absicht einer pädagogischen Maßnahme sein, was ebenfalls mit Intervention bezeichnet wird.

In der Literatur zu Coaching werden im Wesentlichen folgende Verfahren genannt, von denen sich das Coaching unterscheidet: Psychotherapie bzw. psychologische Beratung, Supervision, Mentoring, (Experten)Beratung und klassische Seminare.[118] Die wesentlichen Unterschiede dieser Arbeitsformen zum Coaching sollen nun herausgearbeitet werden.

1.2.2.1 Abgrenzung gegenüber Psychotherapie

Aufgrund der starken Einflüsse der Psychologie auf das Coaching gehört die Abgrenzung gegenüber psychotherapeutischen Maßnahmen zu einem vieldiskutiertem Thema in der Literatur.[119] OFFERMANNS arbeitet sehr zutreffend heraus, dass manche Coachingdefinitionen diese Abgrenzung nicht scharf genug vornehmen. So sind sowohl Coaching als auch zumindest in Teilbereichen die Psychotherapie jeweils Beratungsformen. Der Versuch, Coaching und Psychotherapie voneinander zu unterscheiden, indem als Unterscheidungsmerkmale die formalen Definitionskriterien des Beratungsbegriffs herangezogen werden, muss daher scheitern. Ein entscheidender Unterschied zwischen beiden Interventionsmaßnahmen ist jedoch, dass die Zielgruppe von Coaching prinzipiell der gesunde Mensch ist. Damit ist Coaching keine geeignete Maßnahme beim Vorliegen pathologischer Befunde, welche z.B. durch entsprechende Schlüsselverzeichnisse (z.B. ICD-10 der WHO[120])

---

[117] Beratung und Prävention als Aufgaben der Erwachsenenbildung wurden weiter oben bereits eingeführt. Dass Intervention eine Aufgabe der Erwachsenenbildung ist, steht außer Frage. WAHREN vertritt die Auffassung, dass Coaching nur bei Anlässen gewisser Tragweite eingesetzt werden soll und im Vorfeld durchaus andere Möglichkeiten der Prävention ausgeschöpft werden sollten, vgl. WAHREN (2002), 96f.

[118] In Einzelfällen wird auch Coaching noch gegen Betreuung, Begleitung, Seelsorge, Freundschaft und Sponsoring abgegrenzt, was aber nicht Gegenstand dieser Arbeit ist. Vgl. beispielsweise GEßNER (2000), 33.

[119] Vgl. OFFERMANNS (2004), 42.

[120] International Classification of Diseases - von der Weltgesundheitsorganisation herausgebenes Manual aller anerkannten Krankheiten.

festgelegt sind. Hier setzt die Psychotherapie an, welche den psychisch kranken Menschen als Zielgruppe begreift und auch nur von gesetzlich dafür zugelassenen Personen angeboten werden darf.[121] Ein zweites wesentliches Unterscheidungskriterium ist, dass Coaching – zumindest nach pädagogischem Verständnis – auch eine sachliche Komponente besitzt, es geht um Inhalte, die im weitesten Sinn vermittelt werden, was bei der Psychotherapie nicht der Fall ist, und diese Inhalte sind zumeist dem Bereich der Berufsarbeit zuzuordnen.[122] SCHREYÖGG sieht gerade in diesem Punkt eine mögliche Überlegenheit des Coaching in der Bewältigung beruflicher Probleme: Weder die Psychoanalyse noch die humanistisch-psychologischen Schulen haben sich mit der Berufsarbeit gründlich auseinandergesetzt und bieten adäquate Hilfen an. Von den heute praktizierten Therapieansätzen ist daher „eine kompetente und konstruktive Hilfe zur Bewältigung beruflicher Probleme [...] selten zu erwarten."[123] Genauso, wie Coaching im Fall krankhafter psychischer Störungen der falsche Weg ist, ist daher auch Psychotherapie ein Irrweg, wenn das Ziel der Maßnahme die Bewältigung beruflicher Probleme oder der Ausbau beruflicher Stärken ist.[124]

1.2.2.2 Abgrenzung gegenüber Supervision

Historisch gesehen war die Supervision vor allem auf die Zielgruppe der sozialen Berufe ausgerichtet. Absicht der Supervision ist insbesondere „die Anleitung und Unterstützung bei der Aufarbeitung problematisch gewordener beruflicher Praxis durch unabhängige, aber mit dem Praxisfeld vertraute Experten"[125]. In der Pädagogik ist Supervision im Vergleich zu Coaching ein seit langem vertrauter Begriff. Von der Methodik und den Ansatzpunkten her ist die Supervision dem Coaching relativ ähnlich, und so vermag RAU-

---

[121] Vgl. OFFERMANNS (2004), 43 und BAUMANN (1991), 46.

[122] Vgl. GEBNER (2000), 33

[123] SCHREYÖGG (2003), 68.

[124] Obwohl in der Literatur unumstritten ist, dass Coaching *keine* Psychotherapie ist, wird als ideale Voraussetzung für die Arbeit als Coach in Fachzeitschriften immer wieder explizit das Studium der Psychologie oder auch eine psychotherapeutische Ausbildung genannt. Ein deutliches Zeichen dafür, dass die Profession der Pädagogen insb. auch der Erwachsenenbildner das Arbeitsfeld (noch) nicht besetzt hat, vgl. z.B. WALTHER (2004), 62. Auf notwendige Qualifikationen eines Coaches kann in dieser Arbeit allerdings nur am Rande eingegangen werden.

[125] REINHOLD u.a. (1999), 506.

EN auch keine eindeutige Abgrenzung definitorischer Art zur Supervision vorzunehmen.[126] Allerdings ist die inhaltliche Akzentuierung der Supervision im Vergleich zum Coaching eine andere. So fokussiert Supervision im Gegensatz zu Coaching auf das Bewältigen von als belastend empfundenen Situationen und Problemen, beim Coaching ist dies nicht in solcher Strenge gegeben. Die Verfolgung rein wirtschaftlicher Ziele ist i.d.R. nicht Absicht der Supervision. Die Distanz des Supervisors zum Arbeitsfeld des/der Klienten ist meist deutlich größer als die eines Coaches.[127] Während die Supervision zumeist die Förderung der sozialen Kompetenzen in den Vordergrund stellt, versucht Coaching auch fachliche Inhalte zu transportieren.[128] Mittlerweile hat sich die Beschränkung der Supervision auf den Non-Profit-Bereich teilweise aufgelöst und es gibt zunehmend auch Ansätze für Supervision in der Wirtschaft. Bei bestimmten Formen des Coaching, die de facto eher Supervision als Coaching sind, könnte man u.U. auch von einer Art ‚Supervision für Manager' sprechen, wobei der Grund für die Vermeidung des Begriffs Supervision im Sprachkulturellen lag bzw. liegt: „Der Begriff Supervision ist im Kontext von Management und Unternehmung noch nicht anschlussfähig"[129], genauso wie sich manche Supervisoren schwer tun „im Umgang mit Macht- und Hierarchiefragen sowie bezüglich der reinen betriebswirtschaftlichen Optimierung von Prozessen", da sie demgegenüber „kritisch eingestellt" oder aufgrund „ihrer spezifischen Qualifikation überfordert"[130] sind. Demgegenüber akzeptiert Coaching explizit die Einbindung in den organisationalen Kontext.[131] Man kann damit feststellen, dass der Supervision großteils ein gewisser kritischer bzw. emanzipatorischer Zug zu eigen ist, der dem Coaching eher fehlt. Der Vollständigkeit halber sei erwähnt, dass es auch Stimmen in der Literatur gab, die davon ausgingen, dass sich Supervision als prozessorientierte Beratungsform in der Wirtschaft etabliert und damit das Coaching wieder auf die ursprüngliche Form des entwicklungsorientierten Führens durch den Vorgesetzten reduziert würde.[132] Dies ist allerdings nicht eingetreten: Zu einem Durchbruch der Supervision im Bereich der gewerblichen Wirtschaft und einer Ablösung des Coaching ist es nicht

---

[126] Vgl. RAUEN (2001), 65f.
[127] Vgl. RAUEN (2001), 66.
[128] Vgl. SCHREYÖGG (2003), 65.
[129] LOOSS (1991), 42 und vgl. auch HEß/ROTH (2001), 23.
[130] NITSCH (2002), 48.
[131] Vgl. HEß/ROTH (2001), 23.
[132] Vgl. WOLF (1995), 26.

gekommen. Beide Arbeitsformen haben sich parallel weiterentwickelt[133] und Supervision hat auch einen Platz im Profit-Bereich gefunden.[134]

1.2.2.3   Abgrenzung gegenüber Mentoring

Bereits im Abschnitt 1.1.4 wurde auf Mentorenverhältnisse verwiesen, die Mitte der 1980er Jahre als Maßnahmen der Personalentwicklung entstanden. Mentoring lässt sich gegenüber dem Coaching relativ klar und deutlich anhand formaler Kriterien abgrenzen. So erfolgt Mentoring immer durch ein älteres, hierarchisch höherstehendes Organisationsmitglied. Verbunden damit sind verschiedene Konsequenzen hinsichtlich der Beziehung zwischen Mentor und Klient, von einer nondirektiven Beziehung kann daher in keinem Fall gesprochen werden. Im Mentoring wird eine langfristige, meist zeitlich zunächst unbegrenzte Zusammenarbeit angestrebt. Die Inhalte dieser reinen Beratungsbeziehung betreffen hauptsächlich die Integration in die Organisation und die Karriereplanung, während fachlich-inhaltliche Themen kaum auf der Tagesordnung stehen. Coaching hat demgegenüber eine größere Variationsbreite hinsichtlich des Verhältnisses zwischen den Beteiligten (organisationsinterner oder -externer Coach), eine klare zeitliche Befristung und ist an jeweils vorab zumindest grob festgelegten, konkreten aktuell zu bearbeitenden Themen und Problemen ausgerichtet.[135]

---

[133] Auch die Unterscheidung, dass Coaching dem ‚Manager' vorbehalten ist, während ‚Supervision' für Mitarbeiter gedacht ist, vgl. GEßNER (2000), 31, hat sich nicht durchgesetzt und scheint nicht zweckmäßig, da sie nicht trennscharf und nicht methodisch begründet ist.

[134] Einen Überblick zur historischen Entwicklung der Supervision und zum Einsatz der Supervision im Bereich der Wirtschaft findet sich bei GEßNER (2000), 81ff. Die Implementierung von Supervision in Unternehmen der gewerblichen Wirtschaft greift auch die Zeitschrift OSC im Heft 3/2004 auf. BUER plädiert für ein ‚friedliches Zusammenspiel' der verschiedenen Beratungsformate, vgl. BUER (2005) 278-296.

[135] Vgl. RAUEN (2001), 69-71.

1.2.2.4 Abgrenzung gegenüber klassischen Seminaren und Beratung

Coaching hat – wie ein Seminar oder eine Fachberatung – das Ziel der Kompetenzförderung und -entwicklung[136]. Der fundamentale Unterschied zwischen klassischen Seminaren und Coaching ist die höhere Individualität der Coachingmaßnahme, während das klassische Seminar bei der Vermittlung von grundlegendem Wissen vorzuziehen ist und darüber hinaus die kollegiale Feedbackmöglichkeit der anderen Teilnehmer stets mit einschließt.[137] Zwar versuchen gut gestaltete Seminare im Rahmen des Prinzips der Teilnehmer- und Lebensweltorientierung auch, auf die Bedürfnisse der Beteiligten einzugehen, jedoch geht Coaching hier noch einen Schritt weiter: Die Wissensvermittlung wird hochgradig individuell und situativ gestaltet, auch in der intensiven Arbeit zwischen zwei Personen, und ein vorab festgelegter Lehrplan existiert überhaupt nicht.[138] Dennoch enthält Coaching Elemente, die aus klassischen Settings der Erwachsenenbildung bekannt sind: Coaching kann somit bei der Vermittlung der Inhalte auf ein bewährtes methodisches Instrumentarium zurückgreifen und das von der Erwachsenenbildung und Psychologie bereitgestellte Wissen um Lernverhalten und Lernfähigkeit der erwachsenen Teilnehmer nutzen. Dies bietet auch die Gewähr, dass Coaching nicht zum bloßen, im negativen Sinn des Wortes gemeinten, ‚Training' wird, also dem Einüben schematischer, vorgeblich idealer Verhaltensweisen[139] ohne Reflexion über deren Gehalt und Sinn, um damit kurzfristig Verbesserungen des beruflichen Arbeitens zu erreichen. Coaching hat demgegenüber einen Ansatz, der versucht, in einem gleichberechtigt ablaufenden Prozess, die selbstregulativen Fähigkeiten[140] des Klienten zu stärken,[141] da-

---

[136] Vgl. HEß/ROTH (2001), 20 – ohne an dieser Stelle auf den Gehalt des Kompetenzbegriffs einzugehen.

[137] Vgl. WALTHER (2004), 56. Dies ist beim Coaching einer *einzelnen* Person nicht gegeben.

[138] Vgl. GEßNER (2000), 30.

[139] Vgl. hierzu die Ausführungen von RAUEN zum Training in RAUEN (2003), 12. Hier wird aber die Problematik, welche mit u.U. manipulierenden Verhaltenstrainings verbunden sein kann, nicht erwähnt.

[140] Hier zeigt sich nochmals der Unterschied zur Therapie: Coaching ist nur dann möglich, wenn der Klient genügend Selbstregulationsfähigkeit besitzt. Ist diese nicht mehr vorhanden, ist Coaching (wie auch jede andere Art von Bildungsmaßnahme) nicht mehr zielführend und die Selbstregulationsfähigkeit muss erst durch Therapie wieder erlangt werden.

[141] Vgl. NITSCH (2002), 52.

mit dieser eigenständig mit Unterstützung des Coaches den Lösungsweg erarbeiten kann. Dies ist ein ungleich anderer Vorgang als das Antrainieren automatisierter Verhaltensweisen, die zwar ausgeführt aber möglicherweise nicht verstanden werden, weil sie nicht bildungswirksam geworden sind.[142] Wenn aber MAAß/RITSCHL als einen Unterschied zwischen Coaching und Fortbildung benennen, dass Coaching im Gegensatz zur Fortbildung über die Wissens- und Fähigkeitsvermittlung hinausgehend einen Lern- und Entwicklungsprozess der gesamten Persönlichkeit umfasst[143], gilt dies besonders als Abgrenzung zu Trainings- und Schulungsmaßnahmen, die nicht den Ansprüchen einer modernen Erwachsenenbildung genügen. Die Problematik von Training im Bereich der Bildung Erwachsener thematisiert auch EGGER in seinem Beitrag „Coaching statt Training". Hier fordert er, die Bildungsmaßnahmen für Erwachsene stärker an die Biografie der Teilnehmer anzubinden und ihre Vorerfahrungen zu berücksichtigen, anstatt bloßes Trainieren von Verhaltensweisen zu praktizieren.[144]

Im Zusammenhang mit der Abgrenzung gegenüber Seminaren ist die Betonung des Unterschieds bzw. der Gemeinsamkeiten zwischen Coaching und Expertenberatung wichtig: So wird in der Literatur, beispielsweise bei RAUEN zurecht darauf hingewiesen, dass der Coach im jeweiligen Fachgebiet „über die entsprechende fachliche Kompetenz verfüg[en]"[145] muss, auch wenn ein Coach den ausgewiesenen Fachexperten nicht immer völlig ersetzen kann. Hier ist die Parallele mit der klassischen Erwachsenenbildung augenfällig: Auch hier ist der Erwachsenenbildner vor allem auf der Ebene des Bildungsprozesses als Experte tätig, muss aber zumeist im Fachgebiet ein bestimmtes Wissen besitzen, ohne aber ganz auf die Mitarbeit von Fachleuten der verschiedenen Disziplinen verzichten zu können. Coaching enthält zwar auch Elemente der Expertenberatung, geht aber darüber hinaus – genauso wie Erwachsenenbildung über die reine Vermittlung von Faktenwissen hinausgehen sollte. Neben der Fachberatung im Sinne eines Expertenrats

---

[142] OELKERS führt hier am Beispiel des heute so beliebten Trainingsinhalts ‚Teamfähigkeit' aus, dass wer versucht, Teamfähigkeit zu trainieren, durch das Training genau das nicht erreichen wird, „was er beabsichtigt, nämlich Personen, die sich in divergenten Kontexten intelligent und kenntnisreich mit Problemen auseinandersetzen. Dazu gehört Wissen und Verstehen, ein Horizont der Bildung, der nicht durch sozialpsychologische Übungen ersetzt werden kann." (OELKERS (1996), 127).

[143] Vgl. MAAß/RITSCHL (1997), 21.

[144] Siehe EGGER (1998).

[145] RAUEN (2003), 10.

gibt es weitere Formen der Beratung, welche im Englischen als *consulting* und *counseling* bezeichnet werden. Hierunter versteht man Beratungsformen, die über das Fachwissen hinaus die Systemzusammenhänge berücksichtigen und auch die Umsetzung begleiten (consulting) bzw. Beratungen, bei denen Person und Umwelt reflektiert wird, sowie Ziel und Werthaltungen überdacht und entwickelt werden (counseling). Diese Beratungsformen stehen dem Coaching nach Überzeugung mehrerer zum Thema veröffentlichender Autoren sehr nahe.[146]

1.2.3 Zur Zusammenfassung: Annäherung an die Definitionsbildung

Im vorangegangenen Abschnitt wurde versucht, die Abgrenzungen des Coaching zu verwandten Verfahren darzustellen. Für den nächsten Schritt zur Definitionsbildung werden nun die Gemeinsamkeiten zwischen Coaching, Psychotherapie, Supervision und Mentoring im Überblick aufgezeigt. Der Übersichtlichkeit wegen erfolgt die Darstellung in der nun folgenden Tabelle 4. Die mit Coaching gemeinsamen Elemente der verschiedenen Verfahren stellen die Charakteristika des Coaching als eigenständige Arbeitsform dar. Im Bereich des Vergleichs mit den Seminaren wird dabei von einem erwachsenenbildnerischen Ideal ausgegangen, ohne dieses Ideal hier näher ausführen zu wollen. Hier zeigt sich auch, dass die Gemeinsamkeiten und Unterschiede zu Seminaren sehr stark von der didaktischen Konzeption abhängen, welche diesen zu Grunde liegt. Dies wird beispielsweise auch bei NITSCH herausgearbeitet.[147]

---

[146] Vgl. HEß/ROTH (2001), 19ff.
[147] Siehe NITSCH (2002). Leider werden bei NITSCH nicht die kritisch-konstruktive und die konstruktivistische Didaktik bearbeitet, welche in der Erwachsenenbildung eine gewisse Bedeutung haben.

Psychotherapie	Supervision	Mentoring	Seminare
- Verwendung psychologisch fundierter Methoden - Analyse der (Aufgaben)wahrnehmung und der Gestaltung der (Berufs)rolle - Berater ist Zuhörer und Gesprächspartner - Beschäftigung mit den Erlebnissen des Klienten - Reflektierendes Verfahren - Aufnahme und Gestaltung einer Beziehung zwischen Berater und Klient - Verhaltenserweiterung und -flexibilisierung beim Klienten - Erfolg durch externen Berater, dabei keine hierarchische Beziehung	- Prozessuale Beratung - Thema ist die Person im beruflichen Kontext des Praxisfeldes - Analyse der Aufgabenwahrnehmung und der Gestaltung der Berufsrolle - Stark reflektierende Verfahren - Berater als prozessbegleitender Zuhörer und Gesprächspartner - Settings (Einzel-, Gruppen- und Teamsupervision) sind dem Coaching ähnlich - Erfolg u.a. durch Organisationsexterne, dabei keine hierarchische Beziehung - Aufnahme und Gestaltung einer Beziehung	- Analyse der Aufgabenwahrnehmung und der Gestaltung der Berufsrolle - Berater ist Zuhörer und Gesprächspartner - Beschäftigung mit dem Praxisfeld des Klienten - Mentoring grenzt sich wie auch Coaching von Psychotherapie ab - Enthält Elemente der Karriereberatung und der Lebensberatung - Aufnahme und Gestaltung einer Beziehung zwischen Berater und Klient - Ungeeignet für schwerwiegende psychische Probleme	- Person und Umwelt werden reflektiert, Auseinandersetzung mit Handeln, Werten und Normen - Auseinandersetzung mit eigener Biografie und Identität - Ungeeignet für schwerwiegende psychische Probleme - Vermittlung von Inhalten wird angestrebt - Nondirektiver Charakter: Ziele werden nicht angeordnet sondern angeboten - Emanzipatorisches Bestreben - Lebensweltbezug und Lebenshilfe, Teilnehmerorientierung und Problembezug - Enthält Ele-

39

zwischen Berater und Klient - Ungeeignet für schwerwiegende psychische Probleme			mente selbstgesteuerten und selbstorganisierten Lernens - Erfolgt auch durch externen Seminarleiter, dabei keine hierarchische Beziehung - Geht über Wissens- und Fähigkeitsvermittlung hinaus und beinhaltet Lern- und Entwicklungsprozesse, die die gesamte Persönlichkeit miteinbeziehen

Tabelle 4: Gemeinsamkeiten von Coaching und anderen Interventionsmaßnahmen.
Quellen: Eigene Zusammenstellung, u.a. nach RAUEN (2001); RAUEN (2003); HEß/ROTH (2001); SCHREYÖGG (2003), NITSCH (2002).

1.2.4 Definitionsansätze in der Literatur

Der Einwand, dass Coaching keine eigenständige Arbeitsform sei, sondern damit lediglich existierende, wohlbekannte Interventionskonzepte unter einem neuen Namen vermarktet werden, dürfte zumindest teilweise mit der erfolgten Abgrenzung zu anderen Konzepten entkräftet sein. Offenbar lässt sich diese Abgrenzung aber nicht ausschließlich über die Betrachtung der eingesetzten Methoden, Verfahren und Inhalte durchführen, „da diese [...] aus anderen Ansätzen übernommen wurden"[148]. Die Innovation des

---

[148] GEßNER (2000), 58.

Coaching könnte zudem auch darin bestehen, dass eine vorher noch nicht bekannte Kombination der Methoden und Verfahren angewendet wird und/oder eine neue Zielgruppe erschlossen wurde.[149] Um diese Frage weiter zu verfolgen, gilt es, die Definitionen der Literatur und ansatzweise die damit verbundenen Coachingkonzepte zu analysieren.

Die vorliegende Arbeit ist nicht die erste, in welcher die Notwendigkeit einer gründlichen Erarbeitung von Coachingdefinitionen und deren Vergleich vorlag, denn „trotz seines hohen Bekanntheitsgrades ist der Begriff ‚Coaching' definitorisch noch in der Findungsphase."[150] OFFERMANNS legt in ihrer Arbeit zunächst die Grundlagen dessen dar, was eine Definition ist. Den Ausgangspunkt an dieser Stelle zu nehmen, scheint richtig zu sein, um einen Bewertungsmaßstab dafür zu besitzen, ob die in der Literatur gegebenen Definitionen wissenschaftlichen Standards genügen. Das Wort ‚Definition' entstammt dem Lateinischen. Es setzt sich zusammen aus *de* ‚ab' und *finis* ‚Grenze', bedeutet also Abgrenzung. Es handelt sich damit um die Bestimmung eines Begriffs durch Beschreibung und/oder Erklärung seiner Grenzen und damit des umschlossenen Gebiets, also des Inhalts. Üblicherweise ist eine Definition so aufgebaut, dass ein Wort, welches definiert werden soll *(definiendum)*, durch einen definierenden Ausdruck *(definiens)* erklärt wird. Dabei wird zumeist das *definiendum* einer übergeordneten Art zugeordnet und der artbildende Unterschied genannt.[151] OFFERMANNS nennt aus der Literatur zu wissenschaftlichen Grundlagen folgende wesentliche Anforderungen, die an Definitionen gestellt werden:

1. Abgrenzung zu anderen Begriffen: Die Definition darf weder zu eng noch zu weit sein.
2. Klarheit: Die zur Definition verwendeten Ausdrücke müssen von ihrer Bedeutung her bekannt sein.
3. Einfachheit: Die Definition soll nichts Überflüssiges enthalten.
4. Kein Zirkelschluss: Das zu definierende Wort darf nicht durch sich selbst erklärt werden (Tautologie).
5. Aussagekraft: Eine Definition soll möglichst viel über das zu Definierende aussagen.

Wenn die Qualität der Definitionen im Folgenden erörtert wird, sollen die genannten Maßstäbe als Kriterien gelten. Einige Autoren des einschlägigen

---

[149] Vgl. GEßNER (2000), 33.
[150] STAHL/MARLINGHAUS (2000) zit. nach OFFERMANNS (2004), 24.
[151] Vgl. die Ausführungen zu Definitionen in OFFERMANNS (2004), 30-34.

Schrifttums verzichten auf eine abschließende prägnante Definition dessen, was sie unter Coaching verstehen[152] und versuchen, Coaching sehr breit und anhand von Beispielen zu erklären oder nur Teildefinitionen zu liefern. Es sei die kritische Anmerkung erlaubt, dass dies wohl nicht nur daran liegt, dass Coaching nicht zu definieren wäre, sondern dass man bewusst im Bereich des Beschreibenden und damit im eher Unverbindlichen bleibt, weil man der Mühe, Coaching klar abzugrenzen, entgehen möchte, um damit auch möglichst viel unter dem Begriff Coaching subsumieren zu können.

1.2.4.1   Coachingdefinition nach WAHREN

Als erstes Beispiel einer kurzen und prägnanten Definition und ihrer kritischen Beurteilung sei hier die Begriffsbildung von WAHREN wiedergegeben: „Coaching ist die individuelle Beratung von einzelnen Personen oder Gruppen in auf die Arbeitswelt bezogenen, fachlich-sachlichen und/oder psychologisch-soziodynamischen Fragen bzw. Problemen durch einen Coach."[153] Hier wird die Gattung genannt, zu der Coaching nach Auffassung von WAHREN gehören soll: Beratung von einzelnen Personen und von Gruppen. Auch führt WAHREN die Abgrenzungskriterien auf: Es handelt sich um Beratung zu Themen, die auf die Arbeitswelt bezogen sind. Genauer gesagt erfolgt diese Beratung bei fachlich-sachlichen oder psychologisch-soziodynamischen Themen. Die Kriterien hinsichtlich Abgrenzung, Klarheit, Einfachheit und Aussagekraft können durchaus als akzeptabel erfüllt gelten, jedoch ist die Definition wertlos, weil sie in einem Zirkelschluss endet: ‚Coaching ist die individuelle Beratung [...] durch einen Coach.' Damit ist kein sinnvoller artbildender Unterschied mehr ausgesagt, lediglich die Zugehörigkeit des Coaching zur Gattung Beratung bleibt erhalten. Mit fachlich-sachlich bzw. psychologisch-soziodynamisch sind die Kompetenzdimensionen angesprochen, die bei Coachingmaßnahmen gefördert werden. Im Sinne vorstehender Definition handelt es sich also um ein ganzheitliches Verfahren, welches sowohl die Fach- und Methodenkompetenz (‚fachlich-sachliche Fragen und Probleme') entwickeln soll, als auch die Persönlichkeits- und

---

[152] Als Beispiel sei genannt: POHL/WUNDER (2001) oder FALLNER/POHL (2001) oder BÜRKI (2003), der entsprechend feststellt: „Die Diskussion, was Coaching ist, ist in vollem Gange und noch nicht abgeschlossen. Entsprechend gibt es keine einheitliche Coaching-Definition."
[153] WAHREN (2002), 95.

soziale Kompetenz (‚psychologisch-soziodynamischen Fragen und Probleme') zu fördern beabsichtigt.

1.2.4.2   Coachingdefinitionen nach FALLNER/POHL

Die Zuordnung zur Gattung Beratung[154] ist im Schrifttum zu Coaching recht unbestritten. So untertiteln FALLNER/POHL (2001) ihr Werk mit „Die Kunst nachhaltiger Beratung".[155] Im weiteren Verlauf ihres Werkes geben FALLNER und POHL keine abschließende Definition des Coaching, womit sich die Prüfung der Definitionskriterien weitgehend erübrigt. Zumindest werden aber verschiedene Teilabgrenzungen gegeben: „Coaching ist eine innovative Maßnahme der Personalentwicklung und ein Instrument zur Entwicklung der Lernfähigkeit des Unternehmens."[156] Sie ordnen Coaching damit der Personalentwicklung bzw. der Organisationsentwicklung[157] zu. Der artbildende Unterschied ist hier nach Ansicht der Autoren also lediglich, dass es sich um eine ‚innovative Maßnahme' handelt; über inhaltliche Gesichtspunkte wird nichts ausgesagt. Charakteristische Merkmale inhaltlicher Natur kommen im weiteren Verlauf des Buches zur Sprache. Hier wird Coaching als vorrangig verbal und kognitiv orientiert definiert und klargestellt, dass Coaching sich vorwiegend mit Themen im Zusammenhang mit der Berufsarbeit befasst.[158] Die Autoren stellen darüber hinaus ihr eigenentwickeltes Coachingkonzept vor. Hierbei erwähnen sie, dass bei Coaching neben der verbalen Orientierung auch „Anleihen bei Spiel, Kunst und Thea-

---

[154] Wobei immer noch unklar ist, wie sich Beratung im Zusammenhang mit Coaching genau definiert, so dass OFFERMANNS feststellen muss: „Es herrscht in der Literatur keine Einigkeit über die Spezifikation des Begriffs Beratung im Zusammenhang mit Coaching." OFFERMANNS (2004), 36f. Siehe dazu das in Abschnitt 1.2.2.4 Ausgeführte. So grenzt sich Coaching trotz seiner Gattungszugehörigkeit auch von verschiedenen Formen der Beratung ab.

[155] Auf die Problematik, Coaching als Kunst zu bezeichnen und damit dem Coaching in gewisser Weise die Aura des Geheimnisvollen zu geben und die Erlernbarkeit damit implizit abzusprechen wird nur hingewiesen aber nicht näher eingegangen. Auch hat ein Berater/Pädagoge beim Umgang mit dem Klienten nie die Freiheitsgrade eines Künstlers. Vgl. dazu LITT (1961), 83ff.

[156] FALLNER/POHL (2001), 23.

[157] Die ‚Entwicklung der Lernfähigkeit des Unternehmens' ist als Umschreibung für Organisationsentwicklung zu werten.

[158] Vgl. FALLNER/POHL (2001), 28.

---

ter legitime und oft geradezu indizierte Maßnahmen"[159] sind. Die Hinweise auf die verbale Orientierung und die Förderung der Ausdrucksfähigkeit durch kreative Methoden sind – auch wenn die Definition ansonsten den unter 1.2.4. genannten Kriterien nicht entspricht – Anregungen, die auch in einem erwachsenenbildnerisch gestalteten Coaching aufgegriffen werden sollten.

1.2.4.3 Coachingdefinition nach RAUEN

RAUEN ist einer der Autoren, welche die aktuelle Coachingdiskussion mit zahlreichen Veröffentlichungen und durch Mitarbeit in Coachingverbänden entscheidend prägen. Zur Darstellung seiner Position wird im Folgenden sein Buch mit dem Titel „Coaching"[160] herangezogen, eine ähnliche Abhandlung zur Definition des Coaching findet sich auch im von RAUEN herausgegebenen „Handbuch Coaching"[161]. RAUEN spricht vom Coaching als einer „absichtsvoll herbeigeführte[n] Beratungs*beziehung*, deren Qualität durch Freiwilligkeit, gegenseitige Akzeptanz, Vertrauen und Diskretion zwischen den beteiligten Personen bestimmt wird."[162] Als Ziel des Coaching gibt RAUEN an, „den Beratungs-Prozess so zu steuern, dass der Gecoachte neue Möglichkeiten erkennt und zu nutzen lernt. Es gilt, Wahrnehmung, Erleben und Verhalten des Gecoachten zu verbessern bzw. zu erweitern."[163] Auch RAUEN sieht damit Coaching der Gattung Beratung zugehörig. Die artbildenden Unterschiede erkennt er in einem besonderen Vertrauensverhältnis sowie in der Freiwilligkeit. Inhaltlich charakterisiert RAUEN das Coaching mit acht[164] bzw. zwölf[165] Einzelmerkmalen, die er näher ausformuliert. Die wesentlichen Punkte dieser für RAUEN konstitutiven Eigenschaften des Coaching sind im Folgenden wiedergegeben:
1. Coaching ist ein interaktiver, personenzentrierter Beratungs- und Betreuungsprozess, der berufliche und private Inhalte umfassen kann. Die Beratung findet vorwiegend auf der Prozessebene statt, d.h. es wer-

---

[159] FALLNER/POHL (2001), 29.
[160] RAUEN (2003).
[161] RAUEN (2002).
[162] RAUEN (2003), 2. Textauszeichnung im Original.
[163] RAUEN (2003), 2.
[164] Vgl. RAUEN (2002), 69.
[165] Vgl. RAUEN (2003), 2-5, die Ergänzungen im Vergleich zu RAUEN (2002) sind aber nichts wesentlich Neues, sondern auch in den bereits 2002 genannten 8 Punkten enthalten.

den keine direkten Lösungsvorschläge geliefert, sondern der Coach begleitet den Gecoachten und regt an, eigene Lösungen zu entwickeln.

2. Das Coaching findet im Rahmen einer durch Akzeptanz, Vertrauen und Freiwilligkeit gekennzeichneten Beziehung statt.

3. Coaching beabsichtigt die – auch präventive – Förderung von Selbstreflexion, Selbstwahrnehmung, Bewusstsein und Verantwortung. Dadurch zielt Coaching auf Hilfe zur Selbsthilfe. Damit stellt RAUEN Coaching primär in die Tradition der Prozessberatung und weniger in die Linie der Expertenberatung.

4. Coaching verzichtet auf manipulative Techniken und Methoden.

5. Voraussetzung für Coaching ist ein Konzept, welches Vorgehen, Rahmen und Methoden festlegt. Das Konzept soll dem Gecoachten so weit wie möglich bekannt gegeben werden.

6. Coaching ist eine zeitlich begrenzte Maßnahme, die in mehreren Sitzungen stattfindet. Da das Ziel des Coaching die Hilfe zur Selbsthilfe ist, ist die zeitliche Befristung eine logische und zwingende Konsequenz.

7. Coaching richtet sich an eine oder mehrere Personen mit Führungsverantwortung oder Managementaufgaben.

8. Beraterinnen und Berater, die Coachingmaßnahmen durchführen, benötigen psychologische und betriebswirtschaftliche Fachkenntnisse sowie praktische Erfahrungen.

RAUENS Ausführungen sind keine Definition im klassischen Sinne sondern mehr eine Aufzählung charakteristischer Merkmale, darauf macht OFFERMANNS[166] zurecht aufmerksam. Das Kriterium der Einfachheit ist damit also nicht voll erfüllt. Ebenso problematisch scheint das Kriterium der Abgrenzung: RAUEN gelingt es nicht, einen treffenden artbildenden Unterschied des Coaching von anderen Formen der Beratung zu benennen, der überzeugt. Es fällt dem Leser daher schwer, nach Lektüre der RAUEN'schen Definition genau zu wissen, um was es sich bei Coaching handelt. Positiv ist dagegen zu vermerken, dass RAUEN inhaltlich einige Akzentuierungen vornimmt. So stellt er klar, dass Coaching auf Interaktion beruht, die Beziehungsebene zwischen Coach und zu Coachendem eine fundamentale Rolle spielt, dass ethische Grundsätze und Mindeststandards in der Ausbildung des Coaches und der Durchführung des Coaching notwendig sind, und Coaching zuvorderst Hilfe zur Selbsthilfe darstellt. Diskussionswürdig scheint die Beschränkung der Zielgruppe auf Personen mit Führungsverantwortung.

---

[166] Vgl. OFFERMANNS (2004), 46.

Dies wird von anderen Autoren nicht so streng gesehen und lässt sich sachlich auch kaum begründen. Ebenso wäre zu klären, ob die Fachkenntnisse des Coaches tatsächlich im Bereich der Psychologie und Betriebswirtschaft liegen müssen.

1.2.4.4 Coachingdefinition nach SCHREYÖGG

Auch SCHREYÖGG[167] sieht die Zielgruppe von Coaching vorwiegend im Bereich der Führungskräfte, sie will „Coaching als professionelle Form der Managementberatung"[168] verstanden wissen. Eine als solche auch benannte Definition von Coaching gibt SCHREYÖGG nicht. Allerdings ordnet sie in der Einleitung zu ihrem Buch „Coaching – Eine Einführung für Praxis und Ausbildung"[169] Coaching der Gattung Personalentwicklung zu. Ein prägnanter artbildender Unterschied, welcher Coaching von anderen Formen der Personalentwicklung unterscheidet, wird aber nicht genannt. Die Definitionskriterien Klarheit, Einfachheit und Abgrenzung werden damit nicht völlig erfüllt.[170] Bedeutsam ist aber die inhaltliche Aussage SCHREYÖGGS, dass es sich bei Coaching um eine „Dialogform über ‚Freud und Leid' im Beruf"[171] handelt. Damit bekennt sich SCHREYÖGG explizit dazu, dass Coaching ein interaktives Verfahren ist, welches durch Dialog gekennzeichnet ist. Was unter dieser Dialogorientierung verstanden wird, stellt SCHREYÖGG auch im weiteren Verlauf ihres Werkes dar. Zur Grundlegung des Dialogverständnisses bezieht SCHREYÖGG sich auf COHN[172], APEL[173] und HABERMAS[174]. Allerdings räumt SCHREYÖGG ein, dass das ideale Dialogverständnis ihrer Ansicht nach beim Coaching nicht durch-

---

[167] SCHREYÖGG (2003).
[168] SCHREYÖGG (2003), 11.
[169] SCHREYÖGG (2003).
[170] Zum gleichen Ergebnis kommt auch OFFERMANNS (2004), 37-39, allerdings sieht sie den artbildenden Unterschied darin, dass Coaching eine „professionelle Form" der Managementberatung ist. Dies als artbildenden Unterschied zu betrachten ist aber vermutlich nicht im gemeinten Sinn von SCHREYÖGG.
[171] SCHREYÖGG (2003), 12. Dennoch handelt es sich insgesamt nicht um ein explizit auf die Dialogik aufbauendes Coachingmodell. SCHREYÖGG sieht den Dialog nur als eines von mehreren möglichen Methoden beim Coaching an. Ein Rückgriff auf dialogphilosophische oder anthropologische Überlegungen findet kaum statt.
[172] COHN (1975).
[173] APEL u.a. (1984).
[174] HABERMAS (1981).

gehalten werden kann. In Anlehnung an HABERMAS bezeichnet sie Coaching als professionelle Interaktion und damit als einen Sonderfall von Dialog, der trotz Subjekt-Subjekt Beziehung zwischen Coach und Gecoachtem eine gewisse Asymmetrie in der Beziehung benötigt, da der Coach „ja die Aufgabe [hat], die Situation nach fachlichen Gesichtspunkten zu strukturieren"[175]. SCHREYÖGG betont dabei vor allem die Wechselseitigkeit dialogischer Beziehungen hinsichtlich der Erweiterung von Deutungs- und Handlungsmustern im Coaching, wenn sie zu Recht feststellt: „Am Ende solcher Dialogprozesse steht idealerweise eine Erweiterung des Repertoires an interpretativen Mustern bei beiden Dialogpartnern."[176] Des Weiteren betont SCHREYÖGG auch, dass sich Coaching von herkömmlichen Maßnahmen der Erwachsenenbildung dadurch unterscheidet, dass neben dem sachlichen Gespräch *über* bestimmte Themen auch eine persönliche Betroffenheit und menschliche Teilhabe entsteht[177] – ein Charakteristikum, welches sicher für alle dialogorientierten Bildungsmaßnahmen anzustreben ist. Ein bemerkenswertes Detail an den Aussagen SCHREYÖGGS zum Wesen des Coaching ist, dass sie Coaching eindeutig der Erwachsenenbildung zuordnet, wenn sie den Coach als Erwachsenenbildner[178] bezeichnet. Allerdings werden aus dieser Zuordnung keine weiteren pädagogischen Konsequenzen gezogen.

1.2.4.5 Coachingdefinition nach OFFERMANNS

Im Gegensatz zu den anderen bisher behandelten Autoren hat OFFERMANNS[179] nicht das Ziel, eine Coachingdefinition zu entwickeln, um damit ein eigenes Coachingmodell zu beschreiben. Vielmehr befasste sich OFFERMANNS mit der Analyse der in der Literatur gegebenen Definitionen. Aus der unbefriedigenden Situation heraus, dass sämtliche von ihr analysierten Coachingdefinitionen nicht in Gänze die Anforderungen an wissenschaftliche Definitionen erfüllten, entwickelte sie selbst eine Definition, „die eine eindeutige Struktur mit sich bringt und allen wissenschaftlichen Kriterien entspricht."[180] Den Ausgangspunkt bildet dabei der Gattungsbegriff Bera-

---

[175] SCHREYÖGG (2003), 189.
[176] SCHREYÖGG (2003), 183.
[177] Vgl. SCHREYÖGG (2003), 183.
[178] Vgl. SCHREYÖGG (2003), 69.
[179] OFFERMANNS (2004).
[180] OFFERMANNS (2004), 49.

tung, zu welchem Coaching zugehörig ist. Beratung muss nach OFFER-
MANNS im Kontext von Coaching immer im Sinn von *jemanden beraten*[181] verstanden werden. Dies bedeutet: „Eine Person macht einer anderen
einen Handlungsvorschlag oder gibt ihr einen Rat. Die beratene Person kann
den Vorschlag annehmen oder ablehnen. Die Entscheidung liegt beim Ratsuchenden und hat keine Auswirkungen und Sanktionen vom Ratgebenden zur
Folge."[182] Beratung wird laut OFFERMANNS immer dann in Anspruch
genommen „wenn derjenige, der das Problem besitzt, entweder nicht in der
Lage ist, es alleine zu lösen oder sich in der Lösungsfindung unsicher ist."[183]
Den Beratungskontext von Coaching sieht OFFERMANNS zwar eindeutig
im beruflichen Bereich – und dies ist auch herrschende Meinung der Mehrzahl einschlägiger Veröffentlichungen zum Thema. Nicht jedoch akzeptiert
sie die Einschränkung auf die Zielgruppe der Personen mit Führungs- und
Managementaufgaben, sondern sieht Coaching als „für alle im Berufsleben
stehenden Personen geeignet"[184] an. Ihrer Einschätzung, dass die in manchen
Werken genannte Einschränkung auf Führungskräfte eher aus Gewohnheit
erfolgt, weil diese Zielgruppe in der Praxis häufig Coaching in Anspruch
nimmt, ist zuzustimmen. Zwingende sachliche Gründe, welche diese Einschränkung rechtfertigen, gibt es offensichtlich nicht. Auch unterstützt OF-
FERMANNS nicht die von manchen Autoren[185] genannte Zuordnung des
Coaching vorwiegend zur Prozessberatung. In Anlehnung an KÖ-
NIG/VOLMER[186] kommt sie vielmehr zu der differenzierteren Auffassung,
dass Coaching sowohl Prozess- als auch Expertenberatung ist, und sich in
den jeweiligen Phasen eines Coachingprozesses die Schwerpunkte unterschiedlich ergeben. Somit kommt OFFERMANNS zu folgender Definition
von Coaching: „Coaching ist eine freiwillige, zeitlich begrenzte, methoden-
geleitete, individuelle Beratung, die den oder die Beratene(n) darin unterstützt, berufliche Ziele zu erreichen. Ausgenommen ist die Behandlung psy-

---

[181] Die andere Bedeutungsalternative wäre: ‚sich beraten', d.h. zwei Personen tauschen sich
über ein Thema oder Problem aus, um sich ggf. auf eine bestimmte Bewertung, Lösung,
Vorgehensweise usw. zu einigen. Vgl. OFFERMANNS (2004), 50.
[182] OFFERMANNS (2004), 50-51. Im Sinne einer auf Dialog und Interaktion aufbauenden
Betrachtung von Coaching wäre es aber durchaus bedenkenswert, ob Coaching nicht im
Sinne des ‚sich (wechselseitig) beraten' zu verstehen wäre.
[183] OFFERMANNS (2004), 51.
[184] OFFERMANNS (2004), 55.
[185] Z.B. RAUEN, siehe unter Abschnitt 1.2.4.3.
[186] KÖNIG/VOLMER (2000).

chischer Störungen."[187] Die konstitutiven, artbildenden Unterschiede des Coaching zur Gattung Beratung sind also nach OFFERMANNS die Freiwilligkeit, zeitliche Begrenzung, Anwendung eines methodischen Konzepts und die Spezialisierung auf die Unterstützung bei der Erreichung beruflicher Ziele, was den Privatbereich als möglichen Gegenstand der Beratung nicht gänzlich ausschließt. Die Abgrenzung zur Psychotherapie wird in dieser Definition eindeutig hergestellt. Insgesamt ist diese Abgrenzung von Coaching, was die Kriterien Klarheit, Abgrenzung und Einfachheit betrifft, sicherlich ein brauchbarer Entwurf. Der Mangel an Aussagen zur inhaltlichen Gestaltung von Coaching ergibt sich zwangsläufig daraus, dass eine möglichst prägnante Darstellung gewählt wurde.

1.2.4.6 Coachingdefinition nach SCHNEIDER

Interessant ist die Definition für Coaching im Handwörterbuch des Personalwesens, da sie zum einen Coaching einer anderen Gattung als ‚Beratung' zuordnet und zum anderen auf einen wichtigen ethischen Konflikt aufmerksam macht. In diesem Handbuch definiert SCHNEIDER Coaching als „Begleiten von Personen in beruflich fordernden Situationen mit dem Ziel, deren Potenzial für ihre Organisation und für sie selbst optimal zu nutzen". Weiterhin gibt sie zu bedenken: „Analogien zum Hochleistungssport werfen allerdings die Frage nach der Balance zwischen den Entwicklungszielen der Organisation und jenen der Person auf. Ohne vertretbare Entwicklungs-Ethik gerät Coaching in Gefahr, in Richtung einer zweckorientierten Manipulation zwecks nicht hinterfragter Organisationsziele abzudriften."[188] Zunächst ist an dieser Definition bemerkenswert, dass Coaching nicht der Gattung Beratung sondern der Begleitung zugeordnet wird. Damit wird die Rolle des Coaches ausdrücklich zurückgenommen, ein Begleiter übt wesentlich weniger Einfluss aus und ist weniger aktiv als ein Berater. Deutlich wichtiger noch ist der zweite Hinweis, dass Coaching bzw. der Coach einer ethischen Verpflichtung bedarf. Gerade dann, wenn das Coaching nicht durch die Person/en selbst, sondern durch die Organisation finanziert wird, der die Person/en angehören. Hier muss der coachende Erwachsenenbildner darauf achten, die Ansprüche der Organisation nicht über die Persönlichkeiten der Gecoachten zu stellen, auch wenn er als Dienstleister im Auftragsverhältnis

[187] OFFERMANNS (2004), 59.
[188] SCHNEIDER (2004), 651.

zur Organisation steht. Das Potenzial der zu coachenden Person ist nicht nur für die Organisation zu erschließen, sondern, im Sinne einer Lebenshilfe, auch für die Person selbst.

1.2.4.7 Würdigung der Coachingdefinitionen

Betrachtet man die vorgelegten Coachingdefinitionen im Gesamten, zeigt sich, dass keine der Definitionen allen Ansprüchen der Erwachsenenbildung gerecht wird. So wird Coaching kaum als eine Aufgabe der Erwachsenenbildung betrachtet, und in keiner Definition werden Coachingkonzepte pädagogisch begründet. Die Kriterien einer wissenschaftlichen Definition werden tatsächlich nur bei OFFERMANNS vollständig erfüllt. Relativ breite Übereinstimmung herrscht hinsichtlich der Zuordnung zum Gattungsbegriff der Beratung. Hinsichtlich der Zielgruppe besteht eine Einigung nur insoweit, als es sich bei Coaching um eine Beratungsform im beruflichen Umfeld handelt. Es existiert jedoch kein Konsens über die genaue Zielgruppe, also ob das Coaching nur dem Management vorbehalten sein soll, oder ob es allen beruflich Tätigen offen steht. Insgesamt geben alle Definitionen jeweils einige Anregungen für ein erwachsenenbildnerisches Coaching, ohne dass aber eine vorliegende Definition direkt übernommen werden kann. Daher wird das nächste Kapitel, ausgehend vom Begriff der (dialogischen) Erwachsenenbildung, das Ziel der Erarbeitung einer schlüssigen Definition verfolgen, da die bisher untersuchten Definitionen nicht auf explizit pädagogischer Grundlage formuliert wurden und auch nicht allen inhaltlichen Anforderungen der Erwachsenenbildung an Coaching genügen. Jedoch wurde aus den Ergebnissen des ersten Kapitels ausreichend deutlich, dass es sich beim Coaching tatsächlich um eine eigenständige Arbeitsform (Kombination aus Fach- und Prozessberatung) mit eigener Zielgruppe (der beruflich tätige Erwachsene) handelt, welche eine weitere Untersuchung des Coaching in der Erwachsenenbildung rechtfertigt.

2 Anforderungen an Coaching und Coachingkonzepte im Sinne der dialogischen Erwachsenenbildung

Mit der Analyse der gegenwärtigen Coachingansätze ist es aus Sicht der Erwachsenenbildung nicht getan, da man hier bei einer Aufnahme des Ist-Zustandes verbleibt. Es kommt aber darauf an, eigenständige Vorstellungen davon zu entwickeln, was Coaching ist und wie es ablaufen kann. Ein erster Schritt dazu ist eine vorläufige, sicher noch unvollständige und in weiteren Arbeiten der Erwachsenenbildung zu überprüfende und dann zu verbessernde Definition von Coaching als Maßnahme der Erwachsenenbildung. Um dies zu erreichen muss in drei Schritten vorgegangen werden. Zunächst ist zu erörtern, worum es sich bei Erwachsenenbildung handelt. Zum Zweiten ist zu erläutern, worin die Besonderheiten dialogischer Erwachsenenbildung liegen, da dieses Konzept der pädagogischen Arbeit mit Erwachsenen der vorliegenden Arbeit zu Grunde liegt. Ausgangspunkt ist dabei vor allem die Darstellung der dialogphilosophischen Überlegungen BUBERS anhand einiger wichtiger Elemente. Darauf aufbauend kann dann drittens eine erwachsenenbildnerische Definition von Coaching gegeben werden, wobei insbesondere auch auf die Ergebnisse des ersten Kapitels zurückgegriffen wird.

2.1 Erwachsenenbildung: Definition, Aufgaben, aktuelle Tendenzen

Um den Umfang des Buches und des Themas nicht zu sprengen, kann eine Vollständigkeit beanspruchende Erarbeitung des Begriffs Erwachsenenbildung nicht vorgelegt werden. Daher soll eine Begriffsklärung nur insoweit erfolgen, als es für die im Zusammenhang mit Coaching zu treffenden Aussagen notwendig ist.

Erwachsenenbildung ist eine vergleichsweise junge Wissenschaft. Obwohl sie zwar auf eine reiche Tradition zurückgreifen kann, wurde sie explizit erst vor etwa 40 Jahren akademisch.[189] Weiterhin ist die Erwachsenenbildung durch viele Bezüge zu anderen Wissenschaften gekennzeichnet. Schon allei-

---

[189] Der erste Lehrstuhlinhaber eines explizit der Erwachsenenbildung gewidmeten Lehrstuhls in Deutschland war (ist) Prof. Dr. Horst Siebert in Hannover 1969. Grundsätzlich bildeten die 1960er Jahre „einen Markstein in der Entwicklung der Erwachsenenbildung hin zu einer eigenen Forschungs- und Wissenschaftsdisziplin" (OLBRICH (2001), 355), was dann auch zur universitären Institutionalisierung führte.

ne die Tatsache, dass viele akademische Lehrer der Erwachsenenbildung – insbesondere in der Anfangszeit als universitäre Disziplin – notwendigerweise aus anderen Wissenschaften kamen, führte zu einem regen Gedankenaustausch mit angrenzenden Wissenschaften; ferner ist die Erwachsenenbildung natürlich auf Erkenntnisse z.b. aus der Psychologie oder Soziologie angewiesen.

Da die Erwachsenenbildung noch eher jung ist, und weil es viele Bezüge zu Nachbarwissenschaften gibt, deren neue Erkenntnisse immer wieder in die Erwachsenenbildung einfließen, ist vieles noch im Fluss, und es ergeben sich immer wieder neue Diskussionen darüber, was Erwachsenenbildung ist, welches Selbstverständnis sie hat und welche Aufgaben zu erfüllen sind. Um die Elemente herausarbeiten zu können, die als wesentliche Aufgaben der Erwachsenenbildung betrachtet werden, ist zunächst eine Klärung des Begriffs Erwachsenenbildung notwendig. Vor allem gilt dies hinsichtlich der Unterschiede zum Begriff Weiterbildung. Oft werden beide Begriffe synonym verwendet. Beide Begriffe drücken allerdings unterschiedliche Akzentuierungen aus. Weiterbildung ist der jüngere und modernere Begriff, entstanden etwa in den 1960er-1970er Jahren, während Erwachsenenbildung der mehr traditionelle Ausdruck ist[190], der bereits früher in Gebrauch war und den alten Begriff der Volksbildung ersetzte. Die Begriffe unterscheiden sich aber nicht nur hinsichtlich ihrer zeitlichen Entstehung, auch programmatisch sind damit verschiedene Ausrichtungen verbunden. Weiterbildung als Oberbegriff für Bildungsangebote für Erwachsene wurde „erstmals mit dem Strukturplan [Strukturplan für das Bildungswesen des Deutschen Bildungsrats aus dem Jahr 1970. m.h.] in begrifflich-programmatischer Absicht"[191] eingeführt. Weiterbildung will als Begriff vor allem den utilitaristischen Aspekt der Erwachsenenbildung betonen. Hier scheint der Gedanke durch, dass „technischer Fortschritt, industrieller Strukturwandel, der Wandel der sozialen und politischen Verhältnisse lebenslang wiederkehrende Phasen des Anschlusslernens zur Bewahrung der Handlungskompetenz notwendig machen."[192] Auch legt der Begriff Weiterbildung sein besonderes Gewicht auf organisiertes Lernen. Gelegenheitsbildung und Lernprozesse, wie sie bei

---

[190] Vgl. ARNOLD (1996a), 44.
[191] DIEMER/PETERS (1998), 24.
[192] DIEMER/PETERS (1998), 25. An dieser Stelle sei darauf verwiesen, dass (berufliche) Handlungskompetenz nur durch Ausbildung aller vier Kompetenzbereiche (Persönlichkeits-, Fach-, Methoden- und Sozialkompetenz) erreicht werden kann. Siehe hierzu insb. den Abschnitt 1.2.1 weiter oben.

„der Mitarbeit in Bürgerinitiativen oder Vereinen oder in Arbeitsvollzügen durchaus stattfinden"[193] werden weniger oder gar nicht berücksichtigt. Der Begriff Erwachsenenbildung setzt hingegen eine etwas andere Akzentuierung. Zunächst wird im Begriff die Adressatengruppe in den Vordergrund gestellt, und damit die Erwachsenen als Bezugspunkt der Bildungsangebote hervorgehoben.[194] Weiterhin betont Erwachsenenbildung die Traditionslinie zu einem umfassenden, allgemein verstandenen Bildungsbegriff, der nicht nur von Nützlichkeitsüberlegungen geleitet ist, sondern auch auf persönliche Bedürfnisse und Interessen eingeht und damit primär der Weiterentwicklung der Persönlichkeit dient[195], wobei auch der Beitrag von Bildung für eine sinnerfüllte Lebensführung hervorgehoben wird.[196] Zu Recht stellen daher DIEMER und PETERS fest, dass „von Pädagogen der Begriff ‚Erwachsenenbildung' oftmals bevorzugt"[197] Verwendung findet.

Erwachsenenbildung und Weiterbildung bezeichnen heute konsensual die „Fortsetzung oder Wiederaufnahme organisierten Lernens nach Abschluss einer unterschiedlich ausgedehnten ersten Bildungsphase."[198] Dabei umfasst diese Definition alle Prozesse, „die der Erweiterung der individuellen Kenntnisse, Fähigkeiten, Einstellungen, Verhaltensweisen und Fertigkeiten dienen", wobei die „Inhalte [...] an keine anderen Kriterien gebunden [sind] als die Interessen der sich weiterbildenden Personen und an die Bedarfslagen der gesellschaftlichen Gruppen."[199] Die Teilnehmer entscheiden also eigenverantwortlich, welche Bildungsinhalte sie erwerben und an welcher Art von Bildungsmaßnahme sie teilnehmen möchten. Innerhalb der Erwachsenenbildung ist zwischen beruflich orientierter und allgemeiner Erwachsenenbildung zu unterscheiden. Für das Thema dieses Buches ist besonders die be-

---

[193] DIEMER/PETERS (1998), 25.
[194] Vgl. DIEMER/PETERS (1998), 24.
[195] Vgl. DIEMER/PETERS (1998), 27.
[196] Vgl. DIEMER/PETERS (1998), 217.
[197] DIEMER/PETERS (1998), 24.
[198] So formuliert im Jahr 1970 im Strukturplan für das Bildungswesen des Deutschen Bildungsrats. Zit. nach TIPPELT (1999), 12. Auf die Problematik, dass auch selbstorganisiertes und informelles Lernen ein wichtiger Bestandteil der Bildung im Erwachsenenalter ist, aber von dieser Definition nicht erfasst ist, wird an dieser Stelle nur hingewiesen, ohne das Thema weiter zu erörtern.
[199] DIEMER/PETERS (1998), 23. Dominant ist hier das Selbstverständnis des Weiterbildungsbegriffs.

rufliche Erwachsenenbildung relevant.[200] Berufliche Erwachsenenbildung lässt sich weiter unterteilen in Umschulung, also den Erwerb einer neuen Berufsqualifikation, und Fortbildung, d.h. Anpassung oder Erweiterung der bestehenden beruflichen Qualifikation. Die Teilbereiche der Erwachsenenbildung stellen sich im Ergebnis wie in der folgenden Abbildung 4 aufgezeigt dar:

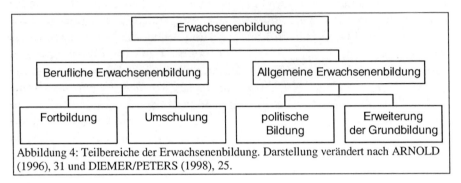

Abbildung 4: Teilbereiche der Erwachsenenbildung. Darstellung verändert nach ARNOLD (1996), 31 und DIEMER/PETERS (1998), 25.

Betrachtet man den Teilbereich der Fortbildung näher, so kann diese in der Form der betrieblichen Weiterbildung stattfinden oder losgelöst vom jeweiligen Unternehmen von anderen Trägern organisiert und durchgeführt werden. Im Zusammenhang mit dem Thema Coaching ist der Bereich der betrieblichen Weiterbildung näher zu erläutern. Unter betrieblicher Weiterbildung versteht man Maßnahmen, die von Unternehmen[201] für die eigenen Organisationsmitglieder durchgeführt werden. Sie finden „in der Regel während der Arbeitszeit" statt, da sie „eng mit dem betrieblichen Interesse verbunden"[202] sind. Die Kosten trägt im Regelfall der Arbeitgeber. Betriebliche Weiterbildung kann zum einen im Betrieb selbst stattfinden, zum anderen außerhalb des Betriebs. Die Durchführung kann sowohl eigenen Mitarbeitern der Organisation wie auch organisationsfremdem Personal obliegen. Ebenso kann die Bildungsmaßnahme im Unternehmen selbst oder außerhalb des Betriebs veranstaltet werden. Man spricht von innerbetrieblicher Weiterbil-

---

[200] Coaching ist der Beruflichen Erwachsenenbildung, genauer der Fortbildung zuzuordnen. Die Begründung erfolgt weiter unten.

[201] Statt Unternehmen sind auch andere Organisationen denkbar, z.B. Kirchen, Non-Profit-Organisationen usw. die auch für ihre Mitarbeiter betriebliche Weiterbildung anbieten können.

[202] HAMACHER (1976), 52 zit. nach DIEMER/PETERS (1998), 23.

dung, wenn die Weiterbildung „unmittelbar betriebsintern [...] und vom Betrieb selbst durchgeführt wird."[203] Findet Bildung im Betrieb statt, wird die Unterscheidung, ob sie in einem abgesonderten Lernfeld oder in der Arbeitsumgebung selbst stattfindet, relevant. Traditionell finden Bildungsmaßnahmen in Betrieben in einem speziellen Lernfeld „in Form von Workshops, Trainings oder Seminaren fern vom Arbeitsplatz" statt, und es entsteht das z.T. erhebliche Problem des „Transferverlust[s des] angeeigneten Wissens"[204]. Daher wurde in jüngerer Zeit zunehmend der Gedanke des Lernens im Arbeitsprozess entwickelt. Die strikte Trennung zwischen Arbeit und Bildungsmaßnahme wird hier zu Gunsten einer Integration des Lernens in die Arbeit aufgegeben. Dies bedingt aber eine lernförderliche Arbeitsplatzgestaltung[205] und ist nicht für alle Inhalte, Formen und Zielgruppen von Bildungsmaßnahmen geeignet und sinnvoll. Coaching wird in diesem Zusammenhang als ein mögliches Verfahren diskutiert, welches das Auseinanderdriften des Lernfelds mit dem späteren Anwendungsbereich des Gelernten im Arbeitsfeld minimieren kann.[206] Die Durchführungswege der Fortbildung und insbesondere der betrieblichen Weiterbildung stellen sich im Überblick wie folgt dar:

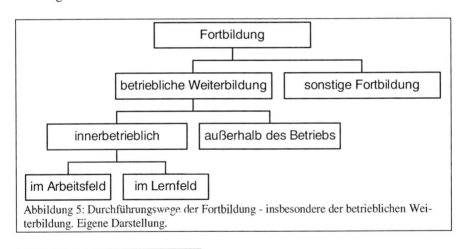

Abbildung 5: Durchführungswege der Fortbildung - insbesondere der betrieblichen Weiterbildung. Eigene Darstellung.

---

[203] FELL (1978), 94.
[204] FRIELING u.a. (2005), 42.
[205] Neuere Artikel, die sich mit der Thematik der Integration von Lernen und Arbeiten sowie mit informellen Lernprozessen im Betrieb beschäftigen sind neben FRIELING u.a. (2005) auch SONNTAG/STEGMAIER (2005) und KRAUß/MOHR (2005).
[206] Siehe hierzu die Ausführungen in Abschnitt 5.2 dieser Arbeit.

Erwachsenenbildung besteht nicht losgelöst von ihrer Umwelt und den entsprechenden Entwicklungen in ihrer Umgebung. Politische, gesellschaftliche, wirtschaftliche und soziale Veränderungen wirken sich unmittelbar (z.b. bei vom Gesetzgeber verordneten rechtlichen Rahmenbedingungen) oder mittelbar (z.b. Änderungen in der Sozialstruktur) auf die Erwachsenenbildung aus. Veränderungen im Umfeld der Erwachsenenbildung haben beispielsweise Auswirkungen auf die nachgefragten Inhalte und auf die von den Teilnehmern gewünschten Methoden. Auch die Rahmenbedingungen, in denen Maßnahmen der Erwachsenenbildung stattfinden sollen, unterliegen externen Einflüssen. Die Geschichte der Erwachsenenbildung zeigt, dass sie mit Veränderungen der Umwelt und damit mit veränderten Anforderungen höchst unterschiedlich umgegangen ist. So reagierte die Erwachsenenbildung einerseits auf manche neue Anforderungen und Ansprüche sehr schnell. Als Beispiel sei der bedeutende Beitrag der Erwachsenenbildung in den 1980er Jahren genannt, in der Bevölkerung virulente Themen wie Gesundheit und Ökologie aufzugreifen oder neue Informationstechniken (EDV) breiteren Bevölkerungsschichten zugänglich zu machen.[207] Andererseits tut sich die Erwachsenenbildung – zumindest was die Theoriebildung und den wissenschaftlichen Diskurs betrifft – auch manchmal schwer, veränderte gesellschaftliche Rahmenbedingungen und Anforderungen zu realisieren, zu verarbeiten und letztendlich in geänderte Konzeptionen umzusetzen. Deutlich wird dies beispielsweise am langen ausschließlichen Festhalten an einem zu idealistischen Selbstverständnis und damit am Aufrechterhalten einer gesellschafts- bzw. realitätsfernen Theorie der Erwachsenenbildung in den 1950er Jahren[208].

Die Aufgabe der Erwachsenenbildung liegt nicht nur in der Vermittlung von Wissen und nicht nur in humanistischer Bildung. Die Hinwendung der Erwachsenenbildung zur Berufswelt – allerdings unter teilweisem Verlust der humanistischen Traditionen – wird allgemein als realistische Wende bezeichnet und fand in den 1960er Jahren statt. Erwachsenenbildung hat auch immer ein Stück weit die Aufgabe, Lebenshilfe zu sein und dem Betroffenen in seiner speziellen Situation Orientierung zu geben. Berufsorientierte Weiterbildung kann hier ein wichtiges Element sein. Orientierung zu geben heißt im System eines demokratischen Staates aber zudem, zur Mitwirkung bei

---

[207] Vgl. SIEBERT (1999), 71. Er verweist in diesem Zusammenhang auch auf DIKAU (1980), 20.
[208] Vgl. SIEBERT (1999), 60.

politischen und gesellschaftlichen Prozessen zu befähigen, was eine Befähigung zur Meinungsbildung beinhaltet. Hier ist die Erwachsenenbildung der großen Tradition der europäischen Aufklärung verpflichtet und tut gut daran, sich dieser Tradition auch im Teilbereich der betrieblichen Weiterbildung zu besinnen. Was KANT mit Aufklärung als den ‚Ausgang des Menschen aus seiner selbst verschuldeten Unmündigkeit' bezeichnete, ist nichts anderes als das, was heute mit Emanzipation bezeichnet wird – und der Gedanke hat damit in einem Medien- und ‚Meinungsmacher'-Zeitalter nichts von seiner Aktualität eingebüßt. Die Erwachsenenbildung hat insgesamt auch die Aufgabe des (wieder) Heranführens an und Begleitens von Bildungsprozessen im Sinne einer Lernbegleitung. Insbesondere gilt dies bei der Arbeit mit benachteiligten Gruppen, z.b. bildungsferneren Schichten oder lernungewohnten Personen, oder auch Menschen, die seit längerer Zeit keine bewussten Bildungsprozesse mehr durchlebt haben.

Trotz realistischer Wende verlor die Erwachsenenbildung nie ganz den Anspruch, emanzipatorisch und aufklärend zu wirken. Seit den 1980er Jahren ist unter dem Stichwort reflexive Wende eine verstärkte Hinwendung zum Teilnehmer sowie eine starke Subjekt- und Erfahrungsorientierung[209] feststellbar, womit das Konzept der Teilnehmerorientierung ein Stück weiterentwickelt wurde. Wenn dem Individuum wieder eine größere Geltung und Würdigung verschafft werden soll, sind darin auch aufklärerische und emanzipatorische Momente zu sehen. Dahinter steht auch die Erkenntnis, dass „Lernen nicht mehr ohne Berücksichtigung des im sozialen Kontext entstandenen Alltagswissens oder der sogenannten Deutungsmuster der Lernenden möglich ist."[210] Forderungen, die in diesem Zusammenhang an die Erwachsenenbildung gerichtet werden, sind u.a.:[211]

- An den Deutungsmustern der Teilnehmer anknüpfen, diese zu differenzieren und weiterzuentwickeln
- die lebensgeschichtlichen Erfahrungen (und Deformierungen) ihrer Teilnehmer zu berücksichtigen, d.h. subjektorientiert und lebenslaufbegleitend zu sein
- mitzuhelfen, damit subjektiv-biografische Krisen bewältigt werden können
- den Lebenszusammenhang des einzelnen zu berücksichtigen.

---

[209] Vgl. ARNOLD (1996), 83.
[210] BRELOER (1980), 84 zit. nach ARNOLD (1996), 84.
[211] Vgl. ARNOLD (1996), 84f.

Noch weitgehend offen ist für eine solche Erwachsenenbildung die Frage der Methoden und Normen, also einerseits die Frage, anhand welcher Kriterien der Erwachsenenbildner entscheidet, welche Deutungsmuster aufgegriffen werden sollen, und andererseits die Frage, wie man die Deutungsmuster bearbeiten kann.

Die aktuelle gesellschaftliche Situation ist davon gekennzeichnet, dass ein Wertewandel feststellbar ist, bei dem zunehmend „individuelle Interessen gegenüber Kollektivinteressen in den Vordergrund treten."[212] Dadurch ändern sich auch die Ansprüche der Individuen an die berufliche Tätigkeit und an die (berufliche) Weiterbildung bzw. die Erwachsenenbildung allgemein: Die Menschen werden individualisierter und damit kritischer[213] und wollen neben den existenziellen Bedürfnissen zunehmend auch höher entwickelte Bedürfnisse wie soziale Anerkennung und Kompetenzerleben[214] im Beruf befriedigen.[215] Erwachsenenbildung muss damit die Chance wahrnehmen, nicht nur funktionsgerechte Bildung für die Berufsrolle[216] zu sein, sondern auch „zu mündigem Handeln in unterschiedlichen Lebenssituationen zu befähigen" indem „Identitätsfindungs-, -stabilisierungs- und -entwicklungshilfe"[217] geleistet wird.

2.2   Dialogische Erwachsenenbildung

Da in diesem Buch Coaching unter der Perspektive einer dialogisch orientierten Erwachsenenbildung erörtert werden soll, muss im folgenden Abschnitt in Grundzügen erläutert werden, was unter dialogischer Erwachsenenbildung zu verstehen ist. Betrachtet man die Geschichte der Erwachse-

---

[212] HARTEIS (2000), 11.
[213] Vgl. SCHÄFERS (1998), 163.
[214] Vgl. HARTEIS (2000), 11.
[215] Interessanterweise sieht SCHÄFERS diese Individualisierung mit der damit einhergehenden zunehmenden Kritikfähigkeit und den gestiegenen Optionen im (Berufs)Leben als eine Folge der Bildungsexpansion seit den 60er Jahren des 20. Jahrhunderts an. An der Bildungsexpansion war der Bereich der Erwachsenenbildung zu einem nicht unerheblichen Teil beteiligt. Somit hatten die von der Erwachsenenbildung mitinitiierten gesellschaftlichen Prozesse z.T. den gewünschten Erfolg und wirken nun auf die Erwachsenenbildung wieder ein. Vgl. SCHÄFERS (1998), 163 und siehe dazu auch: OLBRICH (2001), 364-367.
[216] Vgl. TIETGENS (1979), 216 der hier die Auswüchse der sog. ‚realistischen Wende' kritisiert.
[217] VOIGT (1983), 118.

---

nenbildung, so zeigt sich, dass es die ‚Erwachsenenbildung' im Sinn einer einheitlichen theoretischen Fundierung nicht gibt. Verschiedenste theoretische Ansätze und Konzepte mit unterschiedlichen philosophischen Bezugspunkten, bildungstheoretischen Überlegungen und praktischen Folgerungen wurden im Laufe der Zeit entwickelt. Dialogische Erwachsenenbildung gehört dabei nicht zu den klassischen theoretischen Ansätzen der Erwachsenenbildung, wie sie in den Standardwerken behandelt werden. Als solche Theorien können beispielsweise gelten[218]: Sozialisationstheorie und Erwachsenenbildung, biografische und lebenslauftheoretische Ansätze, der systemtheoretische Ansatz, psychologisch-lerntheoretische Ansätze, bildungstheoretische Ansätze, der Ansatz der Bildungsökonomie, konstruktivistische Theoriensätze. Ein sich auf die Traditionen deutschsprachiger Dialogiker beziehender dialogischer Ansatz in der Erwachsenenbildung ist bisher noch nicht zusammenhängend dargelegt worden.[219] Allerdings gibt es eine Reihe von Ausarbeitungen zu Teilaspekten und eine Anzahl von Publikationen zur dialogischen Pädagogik. Selbstredend ist es im Rahmen eines knappen Fachbuchs zum Thema Coaching nicht möglich, ein umfassendes Theoriekonzept dialogischer Erwachsenenbildung zu entwickeln. Dennoch sollen einige hinführende Gedanken zu den Intentionen dialogischer Erwachsenenbildung niedergelegt werden. In Anlehnung an DEWE, der sich wiederum u.a. auf SIEBERT bezieht, muss ein Beitrag zur erwachsenenbildnerischen Theoriediskussion folgenden Ansprüchen genügen:[220]

- Die Aussagen müssen auf die Strukturen des sich geschichtlich entwickelten Erwachsenenbildungsbereichs anwendbar sein und dabei einen logischen und systematischen Zusammenhang haben.
- Die Aussagen müssen hinreichend konkret formuliert werden, so dass es nicht zu sehr abstrakten und damit nichtssagenden Aussagen kommt.

---

[218] Vgl. z.B. TIPPELT (1999).

[219] Es gibt z.b. das Werk „Dialogisches Management" (PETERSEN (2003)). Allerdings wird das Dialogverständnis hier nicht primär auf die Dialogiker des frühen 20. Jahrhunderts abgestützt, sondern z.b. auf APEL und HABERMAS sowie auf didaktische Überlegungen GEIßLERS, SIEBERTS und MEUELERS. Da das Werk auch nicht das Ziel hat, eine dialogische Erwachsenenbildung in der Theorie zu entwerfen, überprüft PETERSEN erwachsenenpädagogische Theorien auf ihre Kompatibilität zu dialogischer Erwachsenenbildung, entwickelt aber keine vollständige eigene Theorie dialogischer Erwachsenenbildung sondern Ansätze einer solchen im Rahmen der Konzeption eines dialogischen Managements.

[220] Vgl. DEWE (1988), 23f.

- Die Aussagen zu einer Theorie der Erwachsenenbildung benötigen einen Bezug zur Praxis der Erwachsenenbildung und sollen damit der wissenschaftlichen Anleitung des pädagogischen Geschehens dienen. Ein wichtiger Aspekt ist dabei die Entwicklung von Neuem, also von Utopien und Alternativen zu gegenwärtigem Handeln.
- Eine Theorie der Erwachsenenbildung soll Auskunft über Problemstellung und Ziel geben, sowie diese Aussagen begründen. Dabei soll mit außerpädagogischen Begründungen und Bezugstheorien sparsam umgegangen werden.
- Beiträge zur Theorie der Erwachsenenbildung sollen die geschichtlichen und gesellschaftlichen Rahmenbedingungen in ihre Reflexion mit einbeziehen.

2.2.1 Wortbedeutung ,Dialog'[221]

Das Wort Dialog ist oft in aller Munde. Politiker und Verbandsvertreter ,treten in Dialog' miteinander, in Konflikten wird ,der Dialog gesucht' und das zeitgemäße Konzept für die Auftragsannahme in Kraftfahrzeugwerkstätten ist die ,Dialogannahme'. Um über die alltagsprachliche Verwendung hinaus die Bedeutung von Dialog(ik) zu erschließen, bietet sich ein kurzer Blick auf die Herkunft des Wortes an. Das Wort entstammt dem Griechischen und setzt sich aus zwei Bestandteilen zusammen: Der Silbe ,dia' und dem Substantiv ,logos', welches eine recht vielschichtige Bedeutung besitzt. So bedeutet ,logos' zunächst das ,Wort' und im weiteren Sinne dann auch den ,Begriff'. Begriffe sind Wörter, welche die Menschen den Dingen geben, damit sie sich sprachlich verständigen können. Um zu Begriffen zu kommen, ist eine Vernunftleistung notwendig. Die Dinge müssen erkannt und benannt werden. Daher wird mit ,logos' auch das Denken, der Vernunftlogos – neben der Sprache ein weiteres spezifisch menschliches Vermögen – bezeichnet. In einer dritten Bedeutung weist ,logos' auf die Auswirkungen der Sprach- und Denkfähigkeit des Menschen auf das Zusammenleben der Menschen hin. Mittels Sprache und Denken ist es den Menschen möglich „sich über die Möglichkeiten ihres Vernunftlogos Klarheit zu verschaffen, sich zu rechtfertigen, Rechenschaft voreinander abzugeben."[222] Die Silbe ,dia', mit der ,logos' in Dialog verknüpft wird, hat wörtlich die Bedeutung ,durch', ,hin-

---

[221] Der folgende Abschnitt orientiert sich an BIRKENBEIL (1984), 24-29.
[222] BIRKENBEIL (1984), 26.

durch', ‚vermittelt durch', ‚mittels'. Sie „bezeichnet eine Bewegung, die von einer Seite zur anderen führt und zwar durch etwas hindurch."[223] Mit dieser Bewegung kann nun zum einen der Weg des Aneignens der Welt verstanden werden, zum anderen das Sich-Mitteilen der Menschen untereinander. Beides ist mittels der Sprache und Vernunft möglich und ist Ausdruck der durch den Vernunftlogos motivierten Suchbewegung des Menschen: Der Mensch will die Welt und sich selbst erkennen.

2.2.2 Dialogphilosophie als theoretische Basis der dialogischen Erwachsenenbildung

Im Rahmen einer Erörterung der dialogischen Erwachsenenbildung, ist auch ihre philosophische Grundlage ansatzweise zu ergründen. Diese geht in ihrem Ursprung im deutschsprachigen Raum auf die Arbeiten insbesondere MARTIN BUBERS aber auch FERDINAND EBNERS und FRANZ RO-SENZWEIGS[224] zurück, wobei sich die weitere Betrachtung auf eine Beschäftigung mit den Ausführungen BUBERS beschränkt. Die Besonderheit eines Großteils der Werke BUBERS liegt darin, dass es sich nicht um ein in sich geschlossen aufgebautes philosophisches System handelt[225], sondern um eine Vielzahl an Äußerungen, die jeweils in einem bestimmten Zusammenhang entstanden sind. Seine Arbeiten sind damit „'Gelegenheitsschriften' in dem Sinne, dass sie sich in der Regel einem konkreten Anlass verdanken. Sie sind im Rahmen seines Bemühens, ein Gespräch zu führen, als Antwort auf eine an ihn ergangene Anrede zu verstehen."[226]

2.2.2.1 Abgrenzung der Dialogphilosophie zu anderen philosophischen Richtungen

Um das Wesen der Dialogphilosophie in Grundzügen erfassen zu können, ist es am zweckmäßigsten, die Unterschiede zu anderen philosophischen Richtungen schlaglichtartig zu beleuchten. Die Dialogphilosophie BUBERS grenzt sich dabei von den philosophischen Richtungen der Bewusstseinsphi-

---

[223] BIRKENBEIL (1984), 26.
[224] Als bedeutender Vertreter dialogischen Denkens wäre für den englischen Sprachraum auch DAVID BOHM zu nennen, siehe z.B. BOHM (2000). Um den Rahmen nicht zu sprengen wird hier aber nahezu ausschließlich auf MARTIN BUBER Bezug genommen.
[225] Vgl. SUTER (1986), 75.
[226] VENTUR (2003), 1.

---

losophie, der Transzendentalphilosophie, des Empirismus-Phänomenalismus und des Atomismus ab.[227]

In Abgrenzung zur Bewusstseins- und Subjektphilosophie des deutschen Idealismus kritisiert die Dialogphilosophie den dort vorhandenen Vernunftbegriff, der zwar „alles inclusive sich selber begreift, aber den Menschen und seine existenziellen Probleme ungelöst lässt."[228] Diesen Kritikpunkt formulierte auch DILTHEY und stellte fest: „in den Adern des erkennenden Subjekts, das KANT, LOCKE und HUME konstruierten, rinnt nicht wirkliches Blut, sondern der verdünnte Saft von Vernunft als reiner Denkfähigkeit."[229] Im Idealismus konstituiert das fertig existierende Subjekt sich und seine Welt, während in der Dialogphilosophie das „subjektive Bewusstsein durch die *intersubjektive* Beziehung ersetzt"[230] wird. Ebenso ist die erkenntnistheoretische Grundlage der Dialogphilosophie nicht die Subjekt-Objekt-Beziehung, sondern eine Subjekt-Subjekt Beziehung. BUBER ordnet diese sog. ‚Ich-Du-Beziehung' (Subjekt-Subjekt) der ‚Ich-Es-Beziehung' (Subjekt-Objekt) über. Der dritte Unterschied liegt in der Bewertung des Bewusstseins des Subjekts als grundlegende Kategorie. Während in der idealistischen Philosophie das Bewusstsein die grundlegende Kategorie der erkenntnistheoretischen Analyse ist, wird in der dialogphilosophischen Sichtweise das Bewusstsein durch Sprache und Kommunikation ersetzt. „Die Dialogphilosophie geht deshalb vom sozialen Menschen aus, während die Bewußtseinsphilosophie den privaten, autonomen, noch nicht sozialisierten Menschen zu ihrem Ausgangspunkt nimmt."[231] Die Dialogphilosophie hebt sich damit in drei Bereichen von der idealistischen Philosophie ab: Zum Ersten ersetzt sie das Subjektive durch das Intersubjektive, zum Zweiten Bewusstsein durch Sprache und zum Dritten verschiebt sich der Schwerpunkt vom Subjekt-Objekt-Verhältnis zum Subjekt-Subjekt-Verhältnis.[232]

Die Transzendentalphilosophie geht nach ISRAEL von drei logisch notwendigen Bedingungen aus: Die erste Bedingung besagt, dass es zur erkenntnistheoretischen Analyse fundamentaler Voraussetzungen bedarf, die nicht hintergehbar sind und die zum Zweiten von apriorischer Art sind. Zum Dritten müssen sich diese Bedingungen außerhalb des Systems befinden, da sie

---

[227] Vgl. ISRAEL (1995), 102-103.
[228] ISRAEL (1995), 103.
[229] DILTHEY, gesammelte Schriften I/S. XVIII. Zit. nach: LASSAHN (2000[9]), 25.
[230] ISRAEL (1995), 103.
[231] ISRAEL (1995), 103.
[232] Vgl. ISRAEL (1995), 103.

ja gerade zur Systemanalyse notwendige Voraussetzungen sind. Die Dialog-philosophie akzeptiert in ihrer Anschauung zwar, dass es im philosophischen System fundamentale Voraussetzungen gibt, lehnt aber die beiden anderen genannten Bedingungen ab: Dialogphilosophie als eine sich auf Sprache gründende philosophische Richtung muss apriorische Bedingungen, die außerhalb der Sprache formuliert werden, ablehnen. Ebenso ist Analyse in dialogphilosophischer Sicht zwingend sprachliche Analyse mit konkreter Sprachanwendung, denn jede „Analyse muss mit Hilfe intersubjektiv ver-ständlicher Sprechakte geschehen."[233]

Als dritte Abgrenzung sondert sich die Dialogphilosophie von einer empi-risch-phänomenalistischen Anschauung ab. BUBER unterscheidet in seiner Philosophie streng zwischen der kommunikativen Ich-Du-Beziehung und der sachlich orientierten Ich-Es-Beziehung. Damit kommt BUBER unausweich-lich in einen Gegensatz zu der Empirie: Nur die Erkenntnis der Es-Welt ist der empirischen Beobachtung zugänglich. „Die auf sinnliche Erfahrung ge-gründete Erkenntnis betrachtet die Welt inklusive der Menschen als Objekt. Die auf kommunikativer Beziehung gegründete Erkenntnis betrachtet den Anderen als Subjekt, als Gesprächspartner in einem erkenntnisschaffenden Dialog."[234] Dieser erkenntnisschaffende Dialog ermöglicht es, Meinungsver-schiedenheiten über die richtige oder wahre Beschreibung von Objekten durch Argumentation in einem Dialog zu überwinden.[235] Die Aussage scheint wesentlich zu sein: Zwar hat diese Feststellung eine geringere Be-deutung in der Welt des naturwissenschaftlichen Denkens, wo quantifizier-bares Wissen und objektive Erkenntnis eine leicht einzusehende gewichtige Bedeutung haben, wohl aber wird diese Aussage in der Welt der Geisteswis-senschaften bedeutsam, wo gesicherte letztgültige absolute Erkenntnis in objektivem Sinne schwer möglich erscheint. Die Einführung des dialogi-schen Erkenntnisprozesses verhindert aber auch, dass das Denken in einem Solipsismus[236] endet, bei dem der Mensch in seiner einzigartigen, nur ihm selbst zugänglichen Wahrnehmung gefangen ist. Dieses Problem ergibt sich insbesondere bei einer auf die Spitze getriebenen konstruktivistischen er-

---

[233] ISRAEL (1995), 107.
[234] ISRAEL (1995), 107.
[235] Vgl. ISRAEL (1995), 107.
[236] Erkenntnistheoretischer Standpunkt, der nur das eigene Ich mit seinen Bewusstseinsinhal-ten als das einzig Wirkliche gelten lässt und alle anderen Ichs mit der ganzen Außenwelt nur als dessen Vorstellungen annimmt, vgl. DROSDOWSKI (1997), 756.

kenntnistheoretischen Grundhaltung[237]. In gewisser Weise nahm BUBER damit Gedanken des radikalen Konstruktivismus vorweg: Die Sichtweise von der Welt, welche dieser vertritt, kann in etwa mit der Weltsicht, die dem Paradigma des Ich-Es-Grundwortes BUBERS folgt, verglichen werden. Legt man jedoch die Sichtweise des Ich-Du-Grundwortes zu Grunde, erweitert sich der Blick und es kommt zu einer Veränderung der Wahrnehmung des anderen: Statt als Objekt des eigenen Denkens, Fühlens und Handelns wird der andere als gleichwertiges Mitsubjekt erkannt.[238] BUBERS Haltung kann darüber hinaus durchaus als eine gewisse Kritik daran verstanden werden, dass das Streben nach quantifizierbarer Erkenntnis auch in starkem Maße in die Geistes- und Gesellschaftswissenschaften Einzug hielt und qualitative Erkenntnisprozesse überlagert bzw. auch verdrängt.

Schlussendlich grenzt sich die Dialogphilosophie auch vom Atomismus DESCARTES ab. Dieser begründete zum einen die Subjektphilosophie, in der menschliches Bewusstsein zum Zentrum der Erkenntnistheorie wird, zum anderen begründete DESCARTES auch den Atomismus neu und lehnt in diesem philosophischen System sinnliche Wahrnehmung als Quelle der Erkenntnis ab. Erkenntnis ist dann nur noch durch analytisches Zerlegen der Wirklichkeit in ihre kleinsten Bestandteile möglich. Das steht im Widerspruch zur ganzheitlichen Sichtweise der Dialogik. BUBER lehnt daher diese verengende Sichtweise ab und plädiert für einen weiten Neuanfang des Denkens. Auch die Vorstellung eines autonomen Subjekts der politischen Philosophie des Individualismus ist für BUBER nicht haltbar, der stets die Angewiesenheit des Ichs auf ein Gegenüber, ein Du betonte, um im Vollsinn Mensch zu werden.[239]

2.2.2.2 Grundworte Ich-Es und Ich-Du – die Anthropologie Martin Bubers

Da es nicht möglich und auch nicht gewollt ist, die Philosophie BUBERS hier umfassend darzustellen, erfolgt nach der Abgrenzung zu anderen philosophischen Richtungen die Darstellung einer wesentlichen Kernaussage: Die bereits angeklungene Unterscheidung der Grundworte Ich-Es und Ich-Du. Niedergelegt hat BUBER diese Gedanken vor allem in seinem Werk „Ich

---

[237] Vgl. PETERSEN (2003), 306f.
[238] Vgl. GEIßLER, H. (2000), 224.
[239] Vgl. ISRAEL (1995), 108.

und Du" aus dem Jahr 1923, wo er seinen dialogischen Ansatz begründet. Nach SUTER liegen die Wurzeln der dialogischen Überlegungen BUBERS vor allem im Chassidismus, einer ostjüdischen Frömmigkeitsbewegung, der auch pantheistische Elemente eigen sind. Dementsprechend wird der Gedanke, „Gott, Mensch und Welt in Verbundenheit als eine große Wirklichkeit zu sehen"[240], das Fundament der Philosophie BUBERS. Um die als Grundworte bezeichneten Beziehungsmöglichkeiten des Menschen zu erschließen, muss man von BUBERS Anthropologie ausgehen.[241] Diese befasst sich in ihrem Zentrum mit der Frage: Wie ist der Mensch möglich?[242] An anderen philosophischen Systemen kritisiert BUBER, dass sie den Menschen nicht in seiner Ganzheit erfassen, sondern oft nur einzelne Fakten sammeln, aber „eine Antwort auf die Frage nach dem Wesen [des Menschen m.h.] wird daraus nicht ableitbar."[243] BUBER versucht daher, in seinen anthropologischen Überlegungen die Ganzheit des Menschen zu berücksichtigen und diese aus dem Bewusstsein der eigenen Ganzheit heraus zu erkennen. Das Menschsein manifestiert sich für BUBER zunächst in der Fähigkeit, sich von der Welt zu distanzieren. Für den Menschen besteht die Welt nicht nur aus Sinnesreizen, aus einer Umgebung, in die er gestellt ist. Vielmehr steht der Mensch der Welt gegenüber, man kann sagen, der Mensch ist sich selbst bewusst, er vermag einen Sinnzusammenhang in der Welt zu erkennen. Der Mensch fügt Bekanntes und Unbekanntes zu einem Weltbild.[244] In der Distanzierung zur Welt erkennt der Mensch zunächst die einzelnen Qualitäten und Quantitäten der Dinge; in eine Beziehung zur Welt tritt der Mensch dabei nicht ein. Das Gegenteil der (analytischen) Distanzierung wird von BUBER als die ‚Synthetische Anschauung' bezeichnet. „Synthetische Anschauung nennen wir die Anschauung eines Seienden als Ganzheit und Einheit. [...] Wer sich der Welt zuwendet und anschauend zu ihr in Beziehung tritt, wird des Seins von Ganzheit und Einheit dermassen inne, dass er [...] Seiendes als Ganzheit und Einheit zu erfassen vermag"[245]. Erst die vorangehende Distanzierung ermöglicht es, in eine Beziehung zu treten. Damit ist die Distanzierung eine not-

---

[240] SUTER (1986), 52.
[241] BUBER erarbeitete aber nie eine vollständige systematische Anthropologie, obwohl er dies plante. Sein Werk ‚Das Problem des Menschen' betrachtete er nur als ein Vorwerk eines solchen Buches. Vgl. SUTER (1986), 77.
[242] Vgl. SUTER (1986), 77.
[243] SUTER (1986), 76.
[244] Vgl. SUTER (1986), 78.
[245] BUBER (1978a), 16f. nach SUTER (1986), 79f.

wendige, aber nicht hinreichende Bedingung für das Schaffen einer Beziehung. Der Mensch ist damit fähig, zu seinen Mitmenschen zwei Arten von Beziehungen aufzubauen, wobei die Beziehungen immer wechselseitig sind. Distanziert der Mensch als handelndes Subjekt seinen Mitmenschen als Objekt, so wird er zugleich vom Mitmenschen als Objekt distanziert. Die zweite Möglichkeit ist, dass der Mensch sein Gegenüber nicht in der Distanz belässt, sondern in einen Beziehungsakt einbezieht. Martin BUBER bezeichnet diese beiden Alternativen der Verhältnisse als Grundworte. „Die Haltung des Menschen ist zwiefältig nach der Zwiefalt der Grundworte, die er sprechen kann."[246] Da die Grundworte eine Beziehung ausdrücken, sind es nicht einzelne Worte, sondern Wortpaare: „Das eine Grundwort ist das Wortpaar Ich-Du. Das andere Grundwort ist das Wortpaar Ich-Es"[247]. Ich-Es drückt den erfahrungsmäßigen Umgang mit dem Gegenüber aus, während Ich-Du die Begegnung mit dem Gegenüber bezeichnet. Mit der Art der Beziehung definiert der Mensch auch sein Ich, da dieses nicht losgelöst denkbar ist. Das Ich „existiert nur als die eine Seite des Grundverhältnisses [...], dessen Gegenseite immer mitgedacht wird."[248]

Den Mitmenschen im Sinne des Grundworts Ich-Es erfahren heißt, ihn nutzbar zu machen und ihn eigenen Zwecken unterzuordnen: „Das Gegenüber ist dazu da, gebraucht zu werden, verfügbar zu sein, eine Funktion zu erfüllen."[249] Dies ist z.B. in der Welt der Technik und der (Natur)wissenschaften der Fall, und mit jedem Fortschritt in diesem Bereich nimmt der Anteil dieses Verhältnisses der Menschen zur Welt und untereinander zu; oder wie BUBER es ausdrückt: „Der Mensch befährt die Fläche der Dinge und erfährt sie. Er holt sich aus ihnen ein Wissen um ihre Beschaffenheit, eine Erfahrung. [...] Aber nicht Erfahrungen allein bringen die Welt dem Menschen zu. Denn sie bringen ihm nur eine Welt zu, die aus Es und Es und Es [...] besteht."[250]

Dem Mitmenschen begegnen, wie es durch das Grundwort Ich-Du ausgedrückt wird, steht für eine andere Art der Beziehung, nämlich die der Begegnung. Für eine Begegnung sind nach BUBER vier Merkmale wichtig:[251] Erstens kann die Ich-Du-Beziehung nicht durch den Willen eines einzelnen

---

[246] BUBER (1973), 7.
[247] BUBER (1973), 7.
[248] SUTER (1986), 83.
[249] SUTER (1986), 83.
[250] BUBER (1973), 9.
[251] Vgl. SUTER (1986), 84f.

Menschen zu Stande kommen. Zunächst ist die Bereitschaft des Gegenübers erforderlich. Während das erfahrungsmäßige Umgehen mit der Welt von Einseitigkeit gekennzeichnet ist, beruht die Ich-Du Begegnung auf einem beiderseitigem Du-Sagen, auf beiderseitigem Willen. Dialogisches Handeln kann nur dann geschehen, wenn beide Ich wechselseitig einander Vertrauen geben und damit einander als Du begegnen.[252]

Darüber hinaus bedarf es aber noch zweitens eines „Anteils, der nicht in der Macht des Menschen steht."[253] MARTIN BUBER, dessen Philosophie auch stark religiös durchdrungen ist, nennt diesen vom Menschen unverfügbaren Anteil ‚Gnade'. Dahinter steht wohl die Erfahrung, dass Begegnungen auch dann, wenn der Wille auf beiden Seiten vorhanden ist, zuweilen scheitern können. Einen Hintergrund dessen gibt BUBER zu bedenken: „Wenn wir [...] einem Menschen begegnen, der uns entgegenkam und auch eines Wegs ging, kennen wir nur unser Stück, nicht das seine".[254] Die Erfahrungen der beiden Individuen müssen also ein Mindestmaß an Anschlussfähigkeit besitzen, die nicht beeinflussbar ist. Dies stimmt auch mit der Konzeption BUBERS überein, dass der Mensch jede Veränderung „in Einklang mit seinem bisherigen Lebenslauf bringen will und muß."[255] Da die Gnade gelingender Begegnung nicht dem Willen des Menschen unterworfen ist, ist es Aufgabe des Menschen, den Willen zur echten Begegnung zu kultivieren: „Womit wir uns zu befassen, worum wir uns zu kümmern haben, ist nicht die andere, sondern unsere Seite; ist nicht Gnade, sondern der Wille."[256]

Das dritte Merkmal der Begegnung in der Ich-Du Relation ist, dass das Du nicht vergegenständlicht wird und ihm diese oder jene Eigenschaften zugeordnet werden. Denn „stehe ich einem Menschen als meinem Du gegenüber, spreche ich das Grundwort Ich-Du zu ihm, ist er kein Ding unter Dingen und nicht aus Dingen bestehend."[257] Zudem erhält die Beziehung einen exklusiven Charakter und BUBER betont mehrmals die Ausschließlichkeit einer wirklichen Beziehung.[258] Dies bedeutet nun aber nicht, dass der Blick nicht auch auf andere Dinge gerichtet werden darf, die außerhalb der Beziehung

---

[252] Vgl. MUTH (1998), 50.
[253] SUTER (1986), 85.
[254] BUBER (1973), 77.
[255] MUTH (1998), 53. Ein Gedankengang, der auch der Erwachsenenbildung nicht fremd ist.
[256] BUBER (1973), 77.
[257] BUBER (1973), 12. Deutlich scheint hier die Ablehnung von Empirismus und Atomismus auf.
[258] Vgl. BUBER (1973), 79 und 101.

existieren. Die Ausschließlichkeit meint vielmehr, dass alles andere im Lichte dieser Beziehung gesehen wird.[259]

Die vierte Besonderheit einer Ich-Du-Beziehung ist, dass dieses Verhältnis zeitlich begrenzt ist, während das Verhältnis im Sinne des Ich-Es-Grundwortes „Zusammenhang im Raum und in der Zeit"[260] besitzt, also Beständigkeit hat. Demgegenüber ist die Ich-Du-Beziehung völlig auf die Gegenwart hin angelegt. Der Mensch kehrt danach wieder in das Ich-Es-Verhältnis zurück. BUBER spricht hier von der Schwermut unseres Loses, dass es dem Menschen nicht gelingen kann, auf Dauer in der Beziehung zu bleiben.[261]

Für BUBER ist die Ich-Du-Beziehung deshalb so bedeutsam, weil sie für ihn den Weg aus der Krise des modernen Menschen darstellt. Diese Krisenhaftigkeit sieht er verursacht durch Verstärkung der Zweck-Mittel-Relationen (Ich-Es-Verhältnisse) von Mensch zu Mensch und Mensch zu Welt, welche sich für BUBER wiederum durch den Verlust der Transzendenz, einen unklaren Lebenssinn, Wertepluralismus und führungslose Technologie äußert.[262] Der moderne Mensch ist ‚hauslos' geworden, er kann sich nicht auf ein einheitliches Weltbild beziehen, denn „das neue ‚Weltbild' besteht letztlich darin, daß es kein *Bild* der Welt mehr gibt."[263] Ebenso besitzt er keine Verwurzelung in einer Gemeinschaft mehr, welche ihm hier Kompensation bieten könne. Damit ist der Mensch in der Krise, in einer Daseinsverfassung gekennzeichnet durch kosmische und soziale Einsamkeit.[264] Das Substantiv Krise bezeichnet von seinem griechischen Wortstamm her eigentlich „Entscheidung, entschiedene Wendung"[265]. BUBER sieht den Menschen durchaus in einer solchen Entscheidungssituation. Doch weil „die Flucht in Individualismus und Kollektivismus[266]" diese Krise nicht zu lösen vermag, plä-

---

[259] Vgl. BUBER (1973), 79.

[260] BUBER (1973), 101.

[261] Vgl. SUTER (1986), 86.

[262] Vgl. SUTER (1986), 52.

[263] BUBER (1955) zit. nach GRÜNFELD (1965), 125. Textauszeichnung im Original.

[264] Vgl. LIETH (1988), 26ff.

[265] DROSDOWSKI u.a. (1963), 371.

[266] Individualismus und Kollektivismus sind für BUBER beides Irrwege. Während im Individualismus versucht wird, die ‚Einsamkeit' des Menschen als sinnstiftend und menschlich zu stilisieren, was schlussendlich zur Verzweiflung führen muss, missbraucht der Kollektivismus das menschliche Verlangen nach Verbundenheit durch fremde Zwecke, indem anstelle der organischen Gemeinschaft organisierte Gruppen treten, welche die einzelne

diert BUBER für „eine radikale Umkehr zu einem neuen, vom Ich-Du-Verhältnis bestimmten Zugang zum Mitmenschen und zur Schöpfung."[267] Die Dialogik einer Ich-Du-Beziehung enthält sich dem Versuch, den Menschen normativ festzulegen. Damit wird das dialogische Prinzip einer Ich-Du-Beziehung ein Gegenentwurf zur objektivistischen und empirischen Verkürzung des Menschenbildes auf die erfahrbaren Fakten, zu einer Mitte zwischen absolutem Individualismus und gleichmachendem Kollektivismus.[268]

2.2.3. Dialogische Pädagogik – dialogische Erwachsenenbildung

Ein Beitrag zur erwachsenenbildnerischen Theorie muss, auch wenn es nur ein kurzer Abschnitt im Rahmen eines Buches zu einem speziellen Thema der Erwachsenenbildung ist, versuchen, in den Ansätzen den Ansprüchen an einen Beitrag zur Theoriediskussion zu genügen, wie sie zu Beginn des Abschnitts 2.2 wiedergegeben wurden. BUBER schlug mit seinem Werk und Wirken eine Brücke von der Dialogphilosophie zur praktischen Erwachsenenbildung, da er viele Jahre in der Erwachsenenbildung tätig war. Allerdings kann hier eine umfassende Ausarbeitung der BUBER'schen Pädagogik nicht geleistet werden. Die Dialogphilosophie ist beispielsweise nur eine der Wurzeln der Pädagogik Martin BUBERS. Als weitere Säulen sind der Zionismus, die Beschäftigung mit dem Chassidismus und der hebräischen Bibel sowie eine dialogisch orientierte Soziologie[269] zu nennen.

Person auf die Funktion für das Kollektiv reduzieren, was wiederum zu Einsamkeit in einer Scheingemeinschaft führt.

[267] SUTER (1986), 52.
[268] Vgl. MUTH (1998), 39 und 75, die sich hier auch auf RODENWALDT (1990) bezieht.
[269] Vgl. VENTUR (2003), 3.

2.2.3.1   Bildsamkeit des Erwachsenen: Die Krise als Antrieb

Zunächst ist hier die Frage zu klären, was für BUBER den Antrieb zur Erwachsenenbildung darstellt. Folgt man z.B. FRIEDENTHAL-HAASE, so ist dies bei BUBER die Krise.[270] Sie gibt zu bedenken, dass uns die Soziologie darauf hinweist, dass der Mensch in außerordentlichen Situationen einer Vergewisserung der Wirklichkeit besonders bedarf. „Der Mensch beginnt [...] in den schweren Krisen des Lebens den Alltag in Frage zu stellen und die Alltagswirklichkeit [...] mit all ihren Relevanzen ‚in Klammern' zu setzen."[271] Auch BUBERS Pädagogik ist besonders durch Krisenerfahrungen gekennzeichnet; als Jude und jüdischer Erwachsenenbildner während der Zeit des Nationalsozialismus war die Krisenerfahrung bestimmender Bestandteil seiner Arbeit. Eine zweite Grundüberlegung der dialogischen Erwachsenenbildung ist die Frage nach der Bildsamkeit des Erwachsenen, denn „Bildung setzt Bildsamkeit voraus – ob der Erwachsene Mensch auch bildsam ist, davon hängt die Möglichkeit von Erwachsenenbildung ab."[272] Die Bildsamkeit des Erwachsenen ist nicht gleichzusetzen mit seiner Lernfähigkeit, im Sinne der Aneignung bzw. des Erwerbs neuer Kenntnisse, Fähigkeiten und Fertigkeiten[273], welche ja mittlerweile unstrittig bewiesen ist, und auch von BUBER und anderen Vertretern des Judentums vorausgesetzt wurde.[274] Bildsamkeit geht über die Lernfähigkeit hinaus. Bildung bedeutet für BUBER die Möglichkeit der ‚wesenhaften Einwirkung', und hier stellt sich das Problem, dass die Erwachsenen nach BUBER „nicht aus bösem Willen, sondern weil sie abgeschlossen reif sind, nicht mehr in vollem Sinne bildungsfähig sind."[275] BUBER gebraucht hier bewusst ein Bild, um zu überzeichnen. Er polarisiert und stellt den reifen, abgeschlossenen Erwachsenen, das deutsche Wort signalisiert ja eine gewisse Abgeschlossenheit des Prozesses – in den Gegensatz zum noch wachsenden Jugendlichen.

---

[270] Siehe FRIEDENTHAL-HAASE (1990).

[271] FRIEDENTHAL-HAASE (1990), 655.

[272] FRIEDENTHAL-HAASE (1990), 659, die sich hier auf die Ansprache ‚Grundlegung' Martin BUBERS bezieht, welche im Jahr 1934 von der Mittelstelle für jüdische Erwachsenenbildung bei der Reichsvertretung der deutschen Juden im Rundbrief veröffentlicht wurde.

[273] Vgl. ARNOLD (2004), 1096f, insb. Abschnitt ‚Lernbegriffe'.

[274] Vgl. FRIEDENTHAL-HAASE (1990), 670.

[275] FRIEDENTHAL-HAASE (1990), 659, die sich hier wiederum auf die Ansprache BUBERS bezieht.

Als Alternativentwurf zum Erwachsenen setzt BUBER an mehreren Stellen den Erwachsen*en*. Damit will BUBER „den Prozeßcharakter des Erwachsenseins und die Offenheit auf die Zukunft"[276] ausdrücken. Der Anlass, der aus dem Erwachsenen einen Erwachsenden macht, ist die Krise, welche den Menschen angreift und die vermeintlich abgeschlossene Persönlichkeit erschüttert. BUBER begründet dadurch nicht nur die Erwachsenenbildung auf der individuellen Ebene des Teilnehmers, die durch persönliche Krisenerfahrungen ausgelöst werden kann, sondern auch „das Auftreten von Erwachsenenbildung als ein historisch-gesellschaftliches Grundphänomen."[277] Er sieht die Erwachsenenbildung sowohl als Antwortmöglichkeit auf gemeinschaftliche Krisenerfahrungen als auch durch die Erfahrung von objektiven Krisen initiiert. Dass dies auch tatsächlich gesamtgesellschaftlich in der jüngeren Geschichte der deutschen Erwachsenenbildung so ist, zeigen die Wirkungen, welche die auf den Sputnik-Schock folgende Bildungskrise, wirtschaftliche Schwierigkeiten verbunden mit hoher Arbeitslosigkeit oder ökologische Probleme in der Erwachsenenbildung hervorriefen.

Um nun weiter den Theorieentwurf einer dialogischen Erwachsenenbildung zu verfolgen, muss der Begriff der Krise noch näher erläutert werden. Krise ist bei BUBER kein Begriff, der nur in Zusammenhang mit pädagogischen Betrachtungen eine Rolle spielt, vielmehr findet sich diese Begrifflichkeit in allen Facetten seines Schaffens.[278] Von der Bedeutung will BUBER Krise als Entscheidungssituation verstanden wissen, womit er sich vom heute üblichen Alltagssprachgebrauch, wo zumeist Schwierigkeiten mit Krise bezeichnet werden, unterscheidet. Für BUBER stellt die Krise den Menschen radikal in Frage, und er ist der Auffassung, dass es in der bisherigen Geschichte der Menschheit keine so tiefgehende und umfassende Krise wie die des modernen Menschen gab.[279] Der Mensch ist dabei insbesondere erschüttert in seinem Vertrauen in die Wirklichkeit, da das gewohnte Orientierungswissen versagt. Nach BUBER werden in der Krise die Kräfte erschlossen, welche zu deren Bewältigung dienen können: Anstatt sich fallen zu lassen kann der von der Krise Betroffene seine Kräfte mobilisieren. In seiner religiös geprägten Sprache spricht BUBER in diesem Zusammenhang von Umkehr. Den Aus-

---

[276] FRIEDENTHAL-HAASE (1990), 661.
[277] FRIEDENTHAL-HAASE (1990), 661. BUBERS Krisenbegriff umfasst sowohl subjektive Krisenerfahrungen des einzelnen Menschen wie auch geschichtliche Krisenerfahrungen objektiver Krisenereignisse, also gemeinschaftlich von Personengruppen erlebte Krisen.
[278] Vgl. FRIEDENTHAL-HAASE (1990), 662.
[279] Vgl. LIETH (1988), 26 und 45.

gang der Krise bezeichnet er u.a. als Durchbruch, womit BUBER klarstellen will, dass der Mensch sich in der Krisenerfahrung wandelt und zu einem neuen Wesenszustand aus der Krise ausbricht.[280] Pädagogisches Wirken heißt daher, am Spannungsfeld zwischen Mensch-Sein und Mensch-Werden zu arbeiten: Das Mensch-Sein als aktuelle Realität ist durch singuläre und gesellschaftliche Krisenerfahrungen durch Orientierungslosigkeit gekennzeichnet, der Mensch strebt aber nach der ihm zugedachten Bestimmung der Verbundenheit mit der Welt und Transzendenz, was nur in einem Du als Gegenüber, in einer Gemeinschaft realisierbar ist.[281]

2.2.3.2   Ziel der Erwachsenenbildung

Das Ziel der Bildung in Krisensituationen muss zunächst sein, den Menschen zu befähigen, in der Krise Stand zu halten und schließlich die Krise zu überwinden. Dazu bedarf es eines Zugangs zu den eben angesprochenen Kräften, die dem Menschen das Durchstehen der Krisensituation ermöglichen. BUBER spricht von diesen Kräften als Halt gegenüber Bedrohungen, Erschütterungen, Zermürbungen und Verunsicherungen.[282] Einen Weg zu diesem Halt kann – sowohl für den Einzelnen als auch für die Gemeinschaft – die Erwachsenenbildung weisen und bereiten. Die Bildungsarbeit selbst ist für BUBER nach FRIEDENTHAL-HAASE in einen Zweischritt gegliedert: Der erste Schritt umfasst eine Bestandsaufnahme, eine Anschauung der Situation, der zweite Schritt das Lernen von- und miteinander, um die Kräfte zur Krisenbewältigung zu erschließen. Geschieht dieses Betrachten der Situation und das Lernen gemeinsam mit anderen Menschen, entsteht eine Lebens- und Lerngemeinschaft: Es entsteht „Verbundenheit [...] dadurch allein, daß der Mensch dem Menschen hilft, ihn unterweist und sich von ihm unterweisen lässt."[283] Zurecht stellt BUBER hier auch klar, dass diese echte Lerngemeinschaft nicht durch eine vermeintlich gemeinsame Ideologie gestiftet werden kann, welcher sich die beteiligten Menschen unterordnen. Ideologie ist hier wohl nicht nur in der klassischen Bedeutung als politische Ideologie zu verstehen. Auch im Bereich der Bildung und der Wirtschaft begegnet man allenthalben ideologischen Festlegungen und sei es die einseitige Ausrich-

---

[280] Vgl. FRIEDENTHAL-HAASE (1990), 663.
[281] Vgl. VENTUR (2003), 190.
[282] Vgl. FRIEDENTHAL-HAASE (1990), 665.
[283] BUBER (1963), 605, zit. nach FRIEDENTHAL-HAASE (1990), 665.

---

tung auf ein bestimmtes Menschenbild. Für BUBER ist das Entstehen einer Gemeinschaft Bildungsziel: Krisenbewältigung heißt damit, wieder Gemeinschaft mit dem Mitmenschen und der Umwelt zu erlangen. In BUBERS Konzeption der Bildung ist Gemeinschaft aber nicht mit einem vordergründigen, oberflächlich-harmonisierenden Umgang gleichzusetzen. Vielmehr sieht BUBER in der Gemeinschaft die Fähigkeit realisiert, die Andersartigkeit, die verschiedenen Meinungen und Sichtweisen und die sich daraus ergebenden Spannungen auszuhalten: „Gemeinschaft ist Bewältigung der *Anderheit* in der gelebten Einheit".[284]

2.2.3.3 Die Notwendigkeit von Inhalten und BUBERS Verhältnis zur Reformpädagogik

Die Bildung vollzieht sich für BUBER stets an Inhalten, jedoch ist den Inhalten nicht in jeder Situation das Gleiche zu entnehmen: Was der Mensch, der eine Krisensituation bestehen soll, „an Bildungsstoff bedarf, um sie zu bestehen, das und nichts anderes ist der Bildungsstoff unserer Stunde."[285] Daraus kann ein Zweifaches abgeleitet werden, denn die Aussage ,ist der Bildungsstoff unserer Stunde' ist einerseits dahingehend interpretierbar, dass sich die Inhalte konsequent am Bedürfnis der Teilnehmenden zu orientieren haben, andererseits heißt dies aber auch, dass der aktuell dargebotene Stoff von den Teilnehmenden jeweils auf ihre spezielle Situation hin interpretiert, also hermeneutisch erschlossen werden kann. Die Bildungsinhalte sind damit situationsbezogen, aber nicht situationsgebunden.[286] Diese Aussage ist wesentlich für die Didaktik BUBERS. Die Inhalte der Erwachsenenbildung dürfen sich somit nicht nur auf Grund von äußeren Anforderungen und Druck ergeben, sondern müssen wegen der den Inhalten eigenen innewohnenden geistigen Substanz ausgewählt werden. Erwachsenenbildung entgeht damit der Gefahr, nur noch reagierend zu sein, anstatt agierend und gestaltend zu wirken. Es ist daher folgerichtig, wenn auch in der jüngeren wissenschaftlichen Diskussion der Erwachsenenbildung die Frage nach den Bildungsinhalten gestellt wird und darauf geachtet wird, dass Bildung für Erwachsene nicht nur bei sog. formaler Bildung stehen bleibt, sondern auch mit Inhalten arbeitet. Denn „lediglich mit der formalen Befähigung zu Krea-

---

[284] BUBER (1935), 810, zit. nach FRIEDENTHAL-HAASE (1990), 667.
[285] BUBER (1935), 810, zit. nach FRIEDENTHAL-HAASE (1990), 666.
[286] Vgl. FRIEDENTHAL-HAASE (1990), 665.

tivität, eigenständigem Denken und Handeln, zur kritischen Auseinandersetzung mit der Umwelt, ohne ein Wissen um Zusammenhänge, ohne ein Wertbewusstsein, lässt sich kein solides emanzipatorisches Denken und Handeln in Gang setzen, denn der Logik folgend muß man stets wissen, wovon man sich emanzipieren möchte."[287] In diesem Zusammenhang und begründet durch seine Anthropologie kann auch BUBERS Kritik an der Reformpädagogik gesehen werden. BUBER entfaltet seine diesbezügliche Kritik beispielsweise in seiner Rede „Erziehung und Freiheit" (1925), welche später unter dem Titel „Über das Erzieherische" im Jahre 1926 publiziert wurde. Der Text ist – vergleichbar z.B. mit LITTS Schrift „Führen oder Wachsenlassen" – zu einem klassischen Text der Pädagogik geworden. Wie LITT grenzt sich BUBER mit seiner Rede von der damals die wissenschaftliche Diskussion beherrschenden Reformpädagogik ab. Neben der zeitgebundenen Kritik an der Reformpädagogik entwickeln beide Autoren darüber hinaus weisende pädagogische Gedanken von überzeitlicher Gültigkeit, in beiden Texten wird gewissermaßen eine Erziehungsphilosophie betrieben.[288] Während die Reformpädagogik als sog. ‚Pädagogik vom Kinde aus' in „der freien Entfaltung der Selbsttätigkeit"[289] die Aufgabe der erzieherischen Handlungen sah, stellt BUBER die Entfaltung des Ichs in der Beziehung zum Du in den Mittelpunkt seiner pädagogischen Überlegungen. Ich-Werdung kann – in konsequenter Fortsetzung der Anthropologie BUBERS, der dem Menschen als Geschöpf einen wie auch immer gearteten Schöpfertrieb abspricht und dagegen sein Konzept eines Urhebertriebs[290] setzt, nicht durch eine Entfaltung vorbestimmter Anlagen erfolgen, sondern bedarf der Ansprache

---

[287] FELL (1987), 95. BUBERS eigene Lehrpraxis in der Erwachsenenbildung zeigt, dass er den Inhalten eine große Bedeutung zumaß. VENTUR zitiert daher auch die Aussage BUBERS, dass „die noch stumpfen Geistesfähigkeiten [...] durch Zuführung eines adäquaten Materials angeregt" werden, allerdings nicht nur im Sinne der reinen Wissensvermittlung einer extensiven Bildung zur Kulturtradierung, sondern vielmehr in einer intensiven Bildungsarbeit. Vgl. VENTUR (2003), 160. Kulturtradierung wäre in BUBERS Lagebeurteilung eines krisenhaften Kulturverfalls auch widersinnig.

[288] Vgl. DEJUNG (1971), 8f. Beide Reden können als klassische Zeugnisse der Kritik gegenüber der Reformpädagogik gelten und in Übereinstimmung mit REBLE (1996) können auch die Gedanken LITTS, die er in „Führen oder Wachsenlassen?" ausführt, heute noch als gültig angesehen werden.

[289] KEMPER (1990), 146.

[290] Urhebertrieb bezeichnet das Verlangen des Menschen, am Werden der Dinge als Subjekt beteiligt zu sein. Vgl. SUTER (1986), 120f.

durch ein Du.[291] Der Mensch ist in BUBERS Sicht eben gerade nicht von außen determiniert und darf genauso wenig von außen zu determinieren versucht werden: Pädagogisches Handeln muss sich daher einer reinen Entfaltungs- genauso wie einer Anpassungspädagogik enthalten.[292]

2.2.3.4 Das erzieherische Verhältnis

Pädagogisches Handeln geschieht für BUBER – wie bereits angedeutet – in einer personalen Beziehung der beteiligten Personen mit dialogischer Qualität. In der Tradition geisteswissenschaftlicher Pädagogik, in die BUBER zweifellos einzuordnen ist, wird diese Stellung der am pädagogischen Geschehen Beteiligten als ‚Erzieherisches Verhältnis' bezeichnet. Auch BUBER beschäftigte sich mit dem Wesen des erzieherischen Verhältnisses unter dialogischen Aspekten. BUBER muss einräumen, dass bei pädagogischem Handeln das dialogische Verhältnis besonderen Gesetzmäßigkeiten gehorcht, da es „nicht von dem Phänomen der vollen Gegenseitigkeit charakterisiert"[293] ist. BUBER spricht in diesem Zusammenhang von der ‚einseitigen Umfassung', welche vom Erzieher ausgeht.[294] Normalerweise würden in einer dialogischen Beziehung die wesentlichen Facetten der Erfahrungen von allen Eingebundenen gleichermaßen geteilt, gerade das macht das Wesen einer dialogischen Beziehung aus. Beim pädagogischen Handeln – BUBER spricht durchweg von Erziehung, aber die Aussagen sind in weiten Teilen auch auf die (Erwachsenen)Bildung übertragbar – sind jedoch etwas andere Voraussetzungen gegeben: So ist die Erfahrung von Erziehen und Erzogenwerden dem Erzieher vorbehalten; dem Zögling ist sie verschlossen, er erfährt nur das Erzogenwerden.[295] Zwar ist diese Aussage nicht

---

[291] Für BUBER ist es eine spezifisch menschliche Fähigkeit, angesprochen zu werden und andere anzusprechen, dabei geschieht das Person-werden. Die Fähigkeit wird mit dem im Menschen schlummernden ‚Logos' bezeichnet. Dies wurde weiter oben bereits in den Ausführungen zur Wortbedeutung ‚Dialog' erläutert. Pädagogisches Handeln muss demnach darauf gerichtet sein, den Logos im Menschen zu aktivieren, was nur durch einen Dialog möglich ist. Vgl. auch BIRKENBEIL (1984), 27.

[292] Vgl. DEJUNG (1971), 12.

[293] VENTUR (2003), 190.

[294] Die Tatsache, dass auch im Coaching keine völlige Gleichheit zwischen Berater und dem Beratenen besteht, thematisiert z.B. JUNG (1991), 137.

[295] Vgl. VENTUR (2003), 191. BUBERS Darstellung des Verhältnisses zwischen Erzieher und Zögling hatte auch Einfluss auf die Konstitution des erzieherischen Verhältnisses bei

in voller Schärfe auf die Erwachsenenbildung übertragbar, aber die Grundstruktur bleibt auch beim pädagogischen Handeln in Maßnahmen der Erwachsenenbildung erhalten. Die übrigen Phänomene des dialogischen Verhältnisses wie Unmittelbarkeit, Ausschließlichkeit, Anerkennung, Vertrauen, Verantwortung, Aktualität und Latenz sind auch im pädagogischen Verhältnis gegeben.[296] Insbesondere das Vertrauen scheint im Zusammenhang mit dem Thema Coaching äußerst wichtig. Vertrauen ist bei einer dialogischen Begegnung ein auf beiden Seiten entstehendes Phänomen. Der pädagogisch Handelnde erfährt durch das ihm entgegengebrachte Vertrauen seine Anerkennung. Auf Seiten des zu Erziehenden festigt sich das Vertrauen „in die Person und Existenz des Erziehenden, in die Gewissheit seiner Wirklichkeit"[297]. Die Wiederherstellung von Vertrauen ist ein wesentliches Moment zur Überwindung der Krise. Für BUBER ist dabei klar, dass das Vertrauen zueinander nicht durch irgendwelche Methoden erzwungen werden kann, sondern gegenseitig geschenkt wird – Methoden können allerdings behilflich sein, um eine für dialogische Beziehungen bereitete Atmosphäre zu schaffen.

2.2.3.5   Erwachsenenbildung und Weltbild

Sobald man von Bildung spricht, stellt sich fast zwingend die Frage, nach welchem Bild bzw. Weltbild die Bildung erfolgen soll. Nach BUBER ergibt sich nun die Schwierigkeit, dass es ein unwillkürliches, selbstverständliches Weltbild in der modernen Zeit nicht mehr geben kann, was bereits im Abschnitt 2.2.2.2 erwähnt wurde. Daraus entsteht ein Dilemma, denn ‚Bildung ohne Bild', will heißen ohne Bildungsziel, ist nicht möglich. Die Menschheit versucht, diesen Mangel eines natürlichen Welt- und Menschenbildes durch die bewusste Gestaltung und Setzung von Idealbildern zu heilen, welche für BUBER aber kraftlose Kunstprodukte bleiben, die keine wirkliche Kraft besitzen und damit nicht bildungswirksam – also im vollen Wortsinn bildend wirken können. Gerade für den pädagogischen Bereich kann man diese Aussage BUBERS durchaus bestätigen. So wirkten z.B. in der Vergangenheit ausschließliche Festlegungen auf ein bestimmtes Menschenbild, sei es der

---

LITT, der sich 1946 ausdrücklich auf BUBERS Konzeption des Ich-Du-Verhältnisses bezieht, vgl. REBLE 1996, 102f.

[296] Vgl. VENTUR (2003), 190. Mit Ausnahme des ‚Vertrauens' werden die weiteren Elemente des dialogischen Verhältnisses an dieser Stelle nicht beschrieben, um den Umfang der Arbeit nicht zu sprengen. Es sei hier auf die einschlägigen Veröffentlichungen verwiesen.

[297] VENTUR (2003), 191.

‚homo oeconomicus', der ‚homo discens' oder der ‚homo sociologicus', nicht unbedingt segensreich. BUBER plädiert dafür, sich dieser einseitigen Bilder zu enthalten und dem Menschen eine viel größere Dynamik seines Seins zuzubilligen. Daraus resultiert für BUBER auch seine Abneigung gegenüber stereotypem, regelhaftem und durch bestimmte Maximen geleitetes Handeln. Dem Menschen in seiner Idealausprägung als ‚großer Charakter' ist jede Situation als einmalige gegenwartshafte Entscheidung aufgegeben.[298] Dennoch steht BUBER nicht außerhalb jedweder Normen[299] und kann auch nicht auf ein Bildungsziel verzichten. Gemäß seiner tiefen religiösen Verwurzelung leitet er es auch aus einem religiös geprägten Verständnis ab. Für BUBER liegt ein wesentliches Bildungsziel in der Befähigung zur Nachahmung der göttlichen Beziehung zur Welt durch den Menschen. Wie Gott gegenüber der Welt soll auch der Mensch der Welt und seinem Mitmenschen gegenüber offen für echte Begegnung werden und sich der Festlegungen enthalten, was damit auch die einseitige Ausrichtung an gegenständlicher Welt, also Welt im Sinne der Ich-Es-Beziehung überwindet. Dies kann aber kein Mensch für sich allein erreichen, denn nicht nur der Einzelne, sondern die gesamte Menschheit ist dazu aufgerufen.[300] Bildungsziel wird dann, die Menschen bzw. die Menschheit insgesamt zu befähigen, ähnlich wie Gott zu seiner Umgebung Du zu sagen und der Ich-Du-Beziehung ein Primat vor dem Ich-Es-Verhalten einzuräumen.[301]

2.2.3.6 BUBERS Ansätze zur Volkshochschule – Widerspruch zur betrieblichen Weiterbildung?

Wenn man im Zusammenhang mit BUBER von Erwachsenenbildung spricht, so muss man von der damaligen Volksbildung, welche insbesondere durch Volkshochschulen verwirklicht werden sollte, ausgehen. Aussagen

---

[298] Vgl. SIMON (1963), 483f.

[299] Gemäß SIMON sieht BUBER den regulativen Hintergrund der Erziehung nicht in einem System von Maximen (wie KANT oder KERSCHENSTEINER) oder Gewohnheiten (DEWEY). Dennoch lehnt BUBER bei der praktischen Erziehungstätigkeit Regeln und Normen nicht ab. BUBER spricht sogar davon, dass es notwendig sein kann, in der Erziehung von außen Zucht und Ordnung aufzurichten, freilich mit dem Ziel, dass die zu Erziehenden dabei allmählich immer innerlicher werden und Autonomie gewinnen. Vgl. SIMON (1963), 483f.

[300] Vgl. GRÜNFELD (1965), 126f.

[301] Vgl. GRÜNFELD (1965), 127.

oder gar Konzeptionen zu anderen Formen der Erwachsenenbildung oder gar zur betrieblichen Weiterbildung[302] wird man bei ihm vergeblich suchen. Daher muss auf die Frage eingegangen werden, ob dialogisches Denken und dialogische Pädagogik überhaupt mit dem Themenbereich betriebliche Weiterbildung, dem Coaching ja zumeist angehört, kompatibel sind.

MARTIN BUBER war ein Kind seiner Zeit und als philosophischer Denker – zumindest in seiner späten Phase – äußerst konsequent. Er hatte sehr genaue Vorstellungen davon, wie eine (jüdische) Erwachsenenbildung zu seiner Zeit in Deutschland und später in Palästina aussehen sollte.[303] Seine Konzepte und Vorstellungen können aber auch nicht kritiklos als stets gültig betrachtet werden und eins zu eins in der heutigen gesellschaftlichen und wirtschaftlichen Situation umgesetzt werden. Auch eine Erwachsenenbildung, die erkennt, dass von einer dialogischen Denktradition und den Aussagen BUBERS wichtige Impulse ausgehen, kann einer im Wesentlichen kapitalistisch geprägten Wirtschaftsverfassung zustimmen und die ihr dort gestellten Aufgaben wahrnehmen. Dass dies möglich ist, kann beispielhaft anhand von EUGEN ROSENSTOCK-HUSSEY aufgezeigt werden, der auch in engem Kontakt mit BUBER stand und versuchte, „seine dialogische Denktradition in die Praxis der verschiedenen Lebensfelder umzusetzen."[304] Zwar setzte er dies nicht mit Seminaren und Vorträgen um, vielmehr war sein Medium die Werkszeitung der Daimler Motoren Gesellschaft. Hier versuchte er mittels der Zeitung und seiner Sprechstunden „die Zusammenarbeit zwischen den Menschen unterschiedlicher Herkunft zu fördern, ohne jeweils unterschiedliche geistige Herkunft zu verleugnen, aber auch ohne sie bis zu einer Beschädigung eines zwischenmenschlichen Umgangs zu verteidigen."[305] ROSENSTOCK-HUSSEY bekannte sich bei seiner Arbeit ausdrücklich dazu, dass es nicht seine Aufgabe ist, sämtliche Bildungswerte den Arbeitern nahe zu bringen, sondern sah eindeutig seine Arbeit auf den betrieblichen Bereich beschränkt. Mit dem Dialog, den er zwischen Werkleitung und Mitarbeitern in Gang setzte, betrieb er tatsächlich eine erste Form

---

[302] Dagegen spricht BUBERS Konzeption der Erwachsenenbildung, die explizit eine Bildungsarbeit forderte, die nicht dem kapitalistischen Betrieb zugeordnet ist und die die Teilnehmer aus diesem Lebensbereich herauslöst. Vgl. VENTUR (2003), 161.

[303] Vgl. hierzu beispielsweise die Ausführungen VENTURS in VENTUR (2003), 158-189. In seiner frühen Schaffenszeit war BUBERS Denken und pädagogisches Handeln durchaus noch nicht derart ausgereift und stimmig. Vgl. dazu z.B. BROZIO (1995) 434ff.

[304] FELL (2002), 257.

[305] FELL (2002), 258.

von dialogischer Erwachsenenbildung im Betrieb, indem er verschiedenste Themen der betrieblichen Sphäre wie z.b. „Regelung der Arbeitszeit, die Frage der Produktionsmenge, Gruppenfabrikation"[306] aufgriff und versuchte, die Vorschläge aus den Reihen der Arbeitnehmerschaft der Werkleitung näher zu bringen, was auch erfolgreich in einem System von Arbeitskreisen gelang. Damit ist ein erster Nachweis erbracht, dass dialogisches pädagogisches Handeln auch im Gebiet der Wirtschaftsunternehmen möglich ist und nicht nur in der Idealform einer von BUBER konzipierten Lern- und Lebensgemeinschaft der ländlichen Heimvolkshochschule. Eine derartige betriebliche Weiterbildung ist sicher nicht nur zum Gewinn für die Mitarbeiter möglich, sondern stiftet auch dem Unternehmen mittelbar (durch engagierte und leistungsbereite Mitarbeiter) und unmittelbar (durch die Möglichkeit kreativer Problemlösungen) Nutzen. Aber dennoch gibt eine betriebliche Weiterbildung mit dialogischem Akzent ihren kritischen und emanzipatorisch wirkenden Anspruch nicht auf, insbesondere dann nicht, wenn sie an der Aufforderung BUBERS festhält, als Methoden vor allem die Begriffskritik und die genetische Methode einzusetzen.[307]

2.2.3.7   Rezeption BUBERS in Deutschland

Zum Abschluss und zur Abrundung des Abschnitts soll nun noch kurz auf die Rezeption der pädagogischen Gedanken BUBERS in Deutschland[308] eingegangen werden. BUBER entfaltete zunächst eine begrenzte Wirkung in der Weimarer Zeit, v.a. auch durch sein Eintreten gegen die „ungezügelte[n] Freiheitspädagogik und [...] antiautoritäre[n] Attitüde"[309] der Reformpäda-

---

[306] FELL (2002), 259.

[307] Vgl. beispielsweise VENTUR (2003), 164 und 167. Begriffskritik heißt, die bestehende Begriffswelt als verworren und falsch zu entlarven und neue, tragfähige Leitbegriffe zu entwickeln. Die genetische Methode versucht, die Entstehung und Herausbildung eines Gegenstands oder Sachverhalts nachzuvollziehen, um zu Erkenntnissen darüber zu gelangen. Siehe dazu auch Abschnitt 4.2.4 dieser Arbeit. Dass ein dialogischer Bildungsansatz in der Wirtschaftswelt interessant ist, belegen auch verschiedene Abschnitte in HARTKEMEYER u.a. (2001) oder der Artikel von EHMER (2004). Bedauerlicherweise erfolgt hier aber weniger ein Rückgriff auf BUBER, sondern lediglich auf den in der angelsächsischen Welt bekannteren BOHM und die Dialogik wird insbesondere auch mit der Systemtheorie nach MATURANA und VARELA verwoben.

[308] In Israel scheint BUBER wenig nachhaltige Wirkung im Bereich der Erwachsenenbildung gehabt zu haben. Vgl. dazu die Recherchen VENTURS in VENTUR (2003), 167.

[309] BÖHME (1989), 61.

---

gogik. Hier war er in seiner kurzzeitigen Wirkung durchaus vergleichbar mit LITT, blieb aber auf längere Sicht in der Rezeption hinter diesem zurück. Ebenso wirkte BUBER in der Weimarer Republik im Bereich der Erwachsenenbildung, jedoch blieb hier sein Einflussbereich weitgehend auf die jüdische Erwachsenenbildung beschränkt. Spuren der Pädagogik BUBERS finden sich allerdings reichhaltig nach dem zweiten Weltkrieg, in einer Zeit also, in der in Deutschland die geisteswissenschaftliche Pädagogik vorherrschend war. Für einen begrenzten Zeitraum werden BUBERS pädagogische Zentralbegriffe nach BÖHME sogar diskussionsbeherrschend und unter dem Schlagwort ‚Pädagogik der Begegnung' kontrovers diskutiert.[310] Mit dem Ende der Epoche der geisteswissenschaftlichen Pädagogik und dem Wechsel hin zur empirisch arbeitenden Erziehungswissenschaft bzw. zur Pädagogik auf der Grundlage der kritischen Theorie der Frankfurter Schule wandte sich die wissenschaftliche Pädagogik weitgehend von ihren philosophischen Grundbezügen ab, und damit „wird auch der Blick von Bubers Gedankenwelt abgelenkt."[311] Die Begriffs- und Gedankenwelt der vorherrschenden Strömungen in der wissenschaftlichen Pädagogik der vergangenen Jahrzehnte war mit den Schriften BUBERS kaum in Einklang zu bringen, er behandelt das Technologieproblem nur von den in seiner Sicht problematischen Auswirkungen auf das menschliche Sein her, bringt es aber nicht in seiner praktischen Bewältigung zur Sprache; auch der heute so vielbeachtete gesellschaftliche Bezug und das soziale Problem der Erziehung und Bildung werden bei BUBER nicht vollumfänglich aufgearbeitet.[312] Es entsteht daraus zwangsläufig die Frage, welche Hinweise BUBERS Auffassung von Pädagogik uns heute geben kann, wie eine Rezeption heute noch möglich ist, denn bleibt man in der geisteswissenschaftlichen Argumentation, muss die Bedeutung der Ansätze BUBERS, die ja historische Aussagen sind, für die unmittelbare Gegenwart erst erwiesen werden.[313]

---

[310] Vgl. BÖHME (1989), 62.

[311] Vgl. BÖHME (1989), 63. BÖHME erwähnt in diesem Zusammenhang auch eher polemische Äußerungen BREZINKAS und ADORNOS gegen BUBERS Pädagogik, die aber dennoch ihre Wirkung nicht verfehlten. BUBERS Pädagogik war, wie BÖHME in Anlehnung an SCHEUERL (vgl. SCHEUERL (1979), 213) feststellt, in die rationalistisch oder ideologisch begründete Kritik geraten und sie wurde auch von der später aufkommenden Systemtheorie LUHMANNS (vgl. LUHMANN/SCHORR (1979), 196f.) beanstandet.

[312] Vgl. BÖHME (1989), 65.

[313] Vgl. SUTER (1986), 310. Dieser Aufweis kann hier allerdings nur ansatzweise geleistet werden.

Am wichtigsten ist hier erstens der Hinweis, dass BUBER nachdrücklich dazu mahnt, dass jedwedes pädagogische Handeln seinen Bezug zur Philosophie und zu damit verbundenen Überlegungen zu Werthaltungen nicht aufgeben kann. So sehr sich eine Erziehungswissenschaft auch um wissenschaftliche Neutralität, intersubjektive Nachprüfbarkeit und Bezugnahme auf die Erkenntnisse von Nachbardisziplinen wie Psychologie und Soziologie bemüht, kommt sie nicht umhin, bei grundsätzlichen Fragen der Anthropologie, der Wertbezüge und Zielfragen eine philosophische Klärung herbeizuführen.

Zum Zweiten ist der starke religiöse Bezug der Pädagogik BUBERS eine programmatische Aussage, die sich zu beachten lohnt. Stärker als der Verweis auf die philosophischen Grundlagen ist die Notwendigkeit eines religiösen Bezugs in einer modernen und zu Neutralität verpflichteten wissenschaftlichen Pädagogik diskussionswürdig, obgleich diese Diskussion im Rahmen der vorliegenden Ausführungen nicht geleistet werden kann. Angemerkt sei aber, dass die Fähigkeit zur Transzendenz eine spezifisch humane Eigenschaft zu sein scheint, welche in der gesamten Geschichte der Menschheit immer wieder aufscheint; ob Pädagogik sich von diesem Bezug völlig freihalten muss oder soll, bedürfte zumindest einer näheren Klärung. Gerade auch Menschen in einer säkularen Gesellschaft stellen sich immer wieder die Frage nach Sinn, und in Diskussionen um ethische Standards und moralisches Verhalten leben immer wieder auch religiöse Bezugnahmen auf. Eine Erwachsenenbildung, die das Suchen und Fragen der Menschen ernst nimmt, kommt daher an der Thematik der Transzendenz zumindest nicht völlig vorbei, ob sie nun explizit ausformuliert wird wie bei BUBER oder eher implizit angesprochen wird, wie z.B. bei PÖGGELER.[314] Erwähnenswert ist, dass sich GEIßLER auch auf BUBER stützt, wenn er die Bedingungsmöglichkeiten moralischen Verhaltens und Identitätslernens des Menschen ergründet und dabei „die verengte Blickrichtung allein auf die empirischen Bedingungsmöglichkeiten menschlichen Seins und Werdens zu überwinden"[315] versucht.

Ein dritter Hinweis, den BUBER der heutigen Pädagogik und insbesondere auch der Erwachsenenbildung geben kann, ist das nachdrückliche Bestehen darauf, dass sich Bildung durch Sprache vollzieht. BÖHME ist hier der Auffassung, dass die heutige Pädagogik sich von dieser Tatsache – zumindest

---

[314] Vgl. PÖGGELER (1964).
[315] GEIßLER, H. (2000), 222-225.

für BUBER ist es eine – genauso weit wie vom religiösen Bezug entfernt hat.[316] Dialog ist ohne Sprache undenkbar und möglicherweise manifestiert sich Bildung darin, dass sie sich von multimedialer Wissensvermittlung unterscheidet. Bildung in partnerschaftlicher Gemeinschaft geschieht mittels Sprechen und Zuhören, sie speist sich aus dem Bewusstsein für die Verantwortung des gesprochenen Wortes: „das Sich-verantworten für das, was wir – in dem uns Begegnenden [durch unsere Ansprache m.h.] – zu verantworten haben."[317]

2.3 Coaching im Sinne der Erwachsenenbildung

Im bisherigen Verlauf des Textes wurde zum einen herausgearbeitet, was allgemein unter Coaching verstanden wird und zum anderen, welche Spezifika eine dialogische Erwachsenenbildung auszeichnen. Bringt man beide Themengebiete zusammen, ist es nun möglich, die Frage zu beantworten, ob Coaching eine Aufgabe der Erwachsenenbildung sein kann und davon ausgehend die Festlegungen zu treffen, wie Coaching als Maßnahme der Erwachsenenbildung ausgestaltet werden soll.

2.3.1 Coaching als eine mögliche Aufgabe der Erwachsenenbildung

Inwiefern Coaching in den Gesamtkontext der Erwachsenenbildung eingereiht werden kann, muss sich im Wesentlichen durch die Beantwortung der Fragestellung erweisen, ob Coaching lediglich eine Arbeitsform in Unternehmen im Sinn einer nicht bildungsrelevanten Managementberatung ist, oder inwieweit Coaching der (beruflichen) Erwachsenenbildung dienen kann. Falls Coaching der beruflichen Erwachsenenbildung dient, wäre noch zu überprüfen, ob und wenn ja, nach welchen didaktischen Überlegungen Coaching gestaltbar ist, denn didaktisch fundiertes Handeln stellt eine Grundanforderung an professionelle pädagogische Tätigkeit dar und Anbindung an eine Didaktik ermöglicht die theoretische Fundierung und Reflexion.

Bereits im Abschnitt 1.2.2 wurde versucht, die Besonderheiten des Coaching gegenüber anderen Interventions- und Beratungskonzepten aufzuzeigen und

---

[316] Vgl. BÖHME (1989), 65.
[317] BÖHME (1989), 68.

damit klargestellt, dass es sich um eine eigenständige Arbeitsform und nicht um einen neuen Namen für Altbekanntes handelt. Wenn Coaching nun darüber hinaus das Qualitätsmerkmal Erwachsenenbildung zugesprochen werden soll, muss es die Kriterien erfüllen, die eine Zuordnung zu einem Bereich der Erwachsenenbildung ermöglichen. Für eine Zurechnung zur Erwachsenenbildung sprechen im Wesentlichen folgende Thesen, die sich aus dem bisher Erarbeiteten ergeben:

1. Coaching ist eine Aufgabe der Erwachsenenbildung, weil Beratung eine Aufgabe der Erwachsenenbildung ist.

Zwar ist Coaching nicht nur Beratung, enthält aber nach übereinstimmender Meinung aller Autoren einen großen Anteil von Beratungselementen. Beratung ist keineswegs ein neues Aufgabengebiet der Erwachsenenbildung. DIEMER und PETERS beziehen den Standpunkt, Formen der Beratung in der Erwachsenenbildung könne man als „das Ergebnis einer verstärkten Anwendung des erwachsenenpädagogischen Prinzips der Teilnehmerorientierung interpretieren."[318] Bereits 1980 weist auch KRÜGER auf die Beratung als Teilaufgabe des Erwachsenenbildners hin.[319]

Mit Beratung ist im Kontext des Coaching vor allem auch die Prozessberatung gemeint. Damit bewegt sich Coaching auf einer handlungs- und problemorientierten Metaebene des Lernens, was quasi eine Unterstützung bei der Ausprägung der Fähigkeit zum selbstorganisierten Lernen ist.[320]

2. Coaching ist eine Aufgabe der Erwachsenenbildung, weil über die Beratung hinaus das Vermitteln von Inhalten ein wesentliches Element des Coaching ist.

Bildung kann nicht ohne Inhalte geschehen, und gutes Coaching zeichnet sich dadurch aus, dass der Coachende auch sein (Fach)wissen bereitstellt. Durch die Rahmenbedingungen, in denen Coaching stattfindet, ist meist sogar ein gewisser ‚Bildungskanon' rudimentär festgelegt, beispielsweise durch die herrschende Organisation und ihre Kultur.[321] Die

---

[318] DIEMER/PETERS (1998), 170.
[319] Vgl. KRÜGER (1980), 42.
[320] Vgl. NITSCH (2002), 6.
[321] Womit an dieser Stelle nicht ausgesagt sein soll, dass die Erwachsenenbildung einen Bildungskanon verlangt, jedoch der Tatsache Rechnung getragen wird, dass in Organisationen wie z.B. wirtschaftlichen Betrieben oder nicht-gewinnorientierten Unternehmen durch das Selbstverständnis und die Aufgabe der Organisation ein impliziter Bildungska-

Vermittlung von Kompetenzen und Qualifikationen, von Wissen, Fähigkeiten und Fertigkeiten sowie die vorausgehende, didaktische Aufgabe der Diskussion und Auswahl der Bildungsgegenstände ist eine genuin pädagogische Aufgabe und fällt hinsichtlich der Bildung Erwachsener dem Arbeitsbereich der Erwachsenenbildung zu.

3. Coaching ist eine Aufgabe der Erwachsenenbildung, weil es als eine mögliche methodische und didaktische Reaktion auf die veränderten Ansprüche an Konzepte und Maßnahmen der Erwachsenenbildung angesehen werden kann.

   Coaching besitzt einen überaus individuellen Ansatzpunkt. Es wird explizit auf den bzw. die zu coachenden Personen zugeschnitten. Dies ist deshalb relevant, da man in der Erwachsenenbildung derzeit generell einen „Wandel zu mehr Nachfrageorientierung bei sinkender öffentlicher Förderung"[322] feststellen kann, und daher individuelle Maßnahmen an Bedeutung gewinnen. Dies ist eine konsequente Fortsetzung einer Entwicklung, die in den 1980er Jahren als reflexive Wende in der Erwachsenenbildung einsetzte. Das Konzept der Teilnehmerorientierung wird weiterentwickelt zur Lebensweltorientierung. Die Orientierung an der Subjektivität der Teilnehmer und ihrer Erfahrungen wird maßgeblich, die Arbeit mit Deutungsmustern der Teilnehmer gewinnt an Bedeutung. Coaching ist in einer Erwachsenenbildung, die „Identitätsentwicklung bzw. Identitätsförderung ihrer Teilnehmer"[323] als ihre Aufgabe betrachtet, eine geeignete methodische Reaktion. Wenn der Deutungsmusteransatz konsequent im Coaching berücksichtigt wird, entgeht man auch der Gefahr, ein rein berufliches Verwertungsinteresse zu verfolgen, denn „dem Deutungsmusteransatz liegt [...] ein politisch-emanzipatorischer Ansatz zu Grunde."[324]

4. Coaching ist eine Aufgabe der Erwachsenenbildung, weil es dem Bereich der beruflichen Erwachsenenbildung und hier der Fortbildung zuzurechnen ist.

---

non existiert. Dieser wird jeweils z.B. in einem privatwirtschaftlichen Unternehmern anders sein als bei einer kirchlichen Einrichtung und dort anders als bei einer öffentlichen Verwaltung und hier anders als bei einem Interessenverband usw.

[322] Thema des 7. DIE-Forum in Bonn am 6. und 7. Dezember 2004 war der Wandel der Weiterbildung zu mehr Nachfrageorientierung bei sinkender öffentlicher Förderung. Siehe auch: DIE Zeitschrift für Erwachsenenbildung, Heft 2/2005, 6.

[323] ARNOLD (1996), 85.

[324] SIEBERT (1999), 71.

Erwachsenenbildung umfasst im Verständnis des Autors auch die berufliche Erwachsenenbildung. Es handelt sich beim Coaching um eine aus beruflichen Gründen motivierte Maßnahme, die Zielgruppe sind eindeutig die beruflich tätigen Erwachsenen. Coaching in seiner eigentlichen Form ist immer primär beruflich veranlasst, auch wenn private Themen im Prozess mit eine Rolle spielen. Die jeweiligen Ziele des Coaching entstammen den Zielkatalogen der Personal- bzw. Organisationsentwicklung, wobei eine Orientierung an individuellen Deutungsmustern den Ausgangspunkt bilden kann und darüber hinaus eine starke Handlungsorientierung angestrebt wird, um die Befähigung der Teilnehmer für die konkrete Berufsarbeit zu verbessern. Es wird keine neue Berufsqualifikation im Sinne einer Umschulung vermittelt, sondern es erfolgt eine Qualifizierung in der bisherigen Tätigkeit bzw. für neue Aufgaben, daher handelt es sich um Fortbildung. Im Coaching werden Gegenstände des Berufslebens thematisiert, es geht nicht um eine allgemeine Lebensberatung oder Therapie, vielmehr findet Vermittlung von Fach- und Methodenwissen sowie die Entwicklung von Sozialkompetenz und Persönlichkeitsbildung statt.

5. Coaching ist eine Aufgabe der Erwachsenenbildung, weil es sich um methodisch und didaktisch geplante Maßnahmen handelt, an denen die Teilnehmer freiwillig partizipieren.
   Coachingmaßnahmen sind keine Zufallsprodukte. Die Teilnehmer begeben sich bewusst und freiwillig[325] in die Veranstaltungen. Der Coach hat dabei ein methodisches Konzept. Dass Coaching durchaus auch didaktischen Prinzipien gehorcht und nach diesen untersucht und gestaltet werden kann, hat NITSCH[326] nachgewiesen.

6. Coaching ist eine Aufgabe der Erwachsenenbildung, weil das Ziel des Coaching die Autonomie des zu Coachenden ist und damit eine Zielkongruenz mit dem von der Aufklärung beeinflussten Selbstverständnis der Erwachsenenbildung besteht.

---

[325] Freiwilligkeit gehört zu den klassischen Rahmenbedingungen der Erwachsenenbildung. Kritisch anzumerken ist, dass in der betrieblichen Weiterbildung ggf. keine echte Freiwilligkeit gegeben sein könnte und dass Erwachsenenbildung generell heute bisweilen mehr als Zwang denn als freiwillige Entscheidung aufgefasst werden kann. (So wird der Slogan vom ‚lebenslangen Lernen' ab und an in ‚lebenslängliches Lernen' im Sinn einer ‚Verurteilung' verballhornt.) Kritisch zur zwingenden Freiwilligkeit beim Coaching äußert sich DEHNER (2004), 38f.

[326] NITSCH (2002).

In der Coachingliteratur herrscht „Einigkeit darüber, dass das Ziel des Coaches sein muss, seine Intervention und Unterstützung so bald als möglich unnötig zu machen."[327] Dahinter steht geistesgeschichtlich nichts anderes als die Forderung der Aufklärung, dass der Mensch in Mündigkeit und eigener Verantwortung über sein Handeln bestimmen soll.[328] Dem Ideal der Aufklärung ist die Erwachsenenbildung bis heute verpflichtet.

2.3.2 Definitionsbildung: Coaching in der Erwachsenenbildung

Coaching kann aus den oben genannten Gründen der Erwachsenenbildung zugerechnet werden, und auch eine Einbettung des Coaching als Verfahren in die dialogische Erwachsenenbildung bzw. die Gestaltung des Coaching unter dialogischen Gesichtspunkten scheint möglich. Bezieht man sich als Maßstab an Definitionen auf das in Abschnitt 1.2.4 Ausgeführte, müssen ein Gattungsbegriff und die artbildenden Unterschiede festgelegt werden, damit Coaching von anderen Erscheinungsformen der Erwachsenenbildung gesondert werden kann. Der Gattungsbegriff des Coaching kann unumstritten als Beratung festgelegt werden, daran kann auch ein erwachsenenbildnerisch fundiertes Coaching festhalten. Die Benennung der artbildenden Unterschiede kann sich auf die Punkte beschränken, die nicht schon dadurch ausgesagt sind, dass Coaching der Erwachsenenbildung zugeordnet wird. Alleine die Bezeichnung des Coaching als ein Handeln in der Erwachsenenbildung impliziert ja gewisse Standards, z.B. im Bezug auf die Freiwilligkeit oder die Behandlung des Teilnehmers als mündiges Subjekt. Auch die Tatsache, dass Maßnahmen der Erwachsenenbildung methodisch und didaktisch geplante Handlungen sind, und der Erwachsenenbildner für die Professionalität seines Handelns zu sorgen hat, d.h. insbesondere eine adäquate Ausbildung besitzen muss, sind hier zu nennen. Ein Definitionsentwurf zu einem Verfahren der Erwachsenenbildung muss in den artbildenden Unterschieden aber auf jeden Fall etwas zur Zielgruppe, den Zielen, der Methodik und zum Anwendungsbereich aussagen. Damit lässt sich aus dem bisher zu Coaching und zur Erwachsenenbildung erarbeiteten, folgende Definition formulieren, die im

---

[327] RIEDENAUER (2004), 366.
[328] Vgl. RIEDENAUER (2004), 366.

Wesentlichen auch den Anforderungen an Definitionen im Sinne des Abschnitts 1.2.4 genügt:

Coaching ist die zeitlich befristete Beratung eines einzelnen oder einer Gruppe von Personen im Kontext ihres beruflichen Handelns durch einen Erwachsenenbildner im Rahmen der beruflichen Erwachsenenbildung als Fortbildung. Die Ziele des Coaching entstammen dem Zielkatalog der Personal- und Organisationsentwicklung, wobei der Erwachsenenbildner auf eine angemessene Berücksichtigung sowohl der individuellen als auch der organisationalen Bedürfnisse und Zielsetzungen zu achten hat und er die beteiligten Personen bei der Verbesserung der selbstregulativen Fähigkeiten unterstützt.[329] Die Beratung findet sowohl auf der Ebene der Prozessberatung, d.h. sie zielt beispielsweise an, die Fähigkeit zum weiterführenden selbstgesteuerten Lernen zu entwickeln oder Werthaltungen zu reflektieren, als auch auf der Ebene der Inhalte statt, d.h. es werden verschiedene Kompetenzen im Sinne der vier Kompetenzdimensionen vermittelt. Auch wenn das primäre Ziel des Coaching die berufliche Bildung ist, kann es Berührungspunkte mit Inhalten der allgemeinen oder politischen Bildung geben. Die Methodik im Coaching ist vor allem geprägt durch das Gespräch, bedeutsam ist auch die Verwendung geeigneter ausdrucks- und kreativitätsfördernder Methoden. Dadurch, dass Coaching eine sehr individuelle Arbeitsform ist, hat das Vertrauen zwischen den Beteiligten eine herausgehobene Bedeutung.

Damit ist eine Definition gegeben, welche Coaching eindeutig in den Arbeitsbereich der Erwachsenenbildung integrieren kann, wobei noch nicht ausgesagt ist, welche Besonderheiten im Coaching zu berücksichtigen sind, wenn Erwachsenenbildung sich als explizit dialogische Erwachsenenbildung begreift. Dies wird im Kapitel vier bearbeitet, wenn die Grundelemente und Anforderungen an ein dialogisches Coachingkonzept dargestellt werden.

---

[329] Damit ist klar ausgesagt, dass der zu Coachende die Fähigkeit besitzt, sich selbst zu verändern. Bestehen diese Fähigkeiten nicht mehr, liegt ein pathologischer Befund vor, der therapeutische Maßnahmen erfordert, um die sog. Selbstregulationsfähigkeit wieder herzustellen.

2.3.3   Exkurs: Coaching unter dem Blickwinkel der Didaktik

An dieser Stelle bietet es sich an, der Vollständigkeit wegen kurz auf eine mögliche Kritik an der Zuordnung des Coaching in die Sphäre der Erwachsenenbildung einzugehen, welche darauf beruht, dass Coaching als stark individueller Beratungsprozess sich von der üblichen Unterrichtssituation unterscheidet und sich damit didaktischen Überlegungen entzöge. Weil aber pädagogisches Handeln zwingend als Basis auf didaktischen Überlegungen beruhen muss,[330] sei ein Beratungsvorgang wie Coaching nicht im Rahmen der Pädagogik und damit auch nicht durch die Erwachsenenbildung zu greifen. Die Kritik wird dahingehend weitergeführt, dass, selbst wenn Beratung und damit Coaching didaktisch prinzipiell greifbar wäre, erst geklärt werden muss, ob tatsächlich ein didaktisches Modell verfügbar ist, welches auf den Themenbereich Coaching anwendbar ist.

Beiden Kritikpunkten ging NITSCH[331] nach. Die Kritik, dass Coaching keine klassische Unterrichtssituation ist, kann leicht damit entkräftet werden, dass professionelles didaktisches Handeln nicht auf herkömmliche Unterrichtssituationen eingeschränkt werden darf, sondern immer dann stattfindet, wenn Vermittlungsprozesse (Lehr-Lernprozesse) einsetzen. Didaktik heißt damit, üblicherweise in der Form einer verbalen Intervention, etwas mitzuteilen, zu erklären, die Adressaten zu einer Handlung aufzufordern oder sie zu befähigen.[332] Diese Elemente sind sämtlich im Coaching gegeben, gegen eine Untersuchung des Phänomens Coaching aus pädagogisch didaktischer Sicht ist damit nichts einzuwenden.[333] In seiner Untersuchung kommt NITSCH abschließend zur Auffassung, dass als geeignete Didaktik zur Be-

---

[330] So SIEBERT (1996), 1: „Didaktik ist ein Schlüsselbegriff der Schulpädagogik und der Erwachsenenbildung".

[331] NITSCH (2002).

[332] Vgl. SIEBERT (1996), 1. Zutreffend weißt SIEBERT allerdings darauf hin, dass die Vermittlungsprozesse wirkungslos bleiben, wenn es nicht zu Aneignungsprozessen kommt, also das Subjekt das Vermittelte in vorhandene Schemata integriert, vgl. SIEBERT (1996), 91. Man könnte diesen, von SIEBERT konstruktivistisch formulierten Sachverhalt auch mit dem Dialogischen Prinzip erklären, dass Vermittlungs- und Aneignungsprozesse zwei Seiten eines dialogischen Vorganges sind, die sich (eingeschränkt) wechselseitig bei beiden beteiligten Personen vollziehen.

[333] Vgl. NITSCH (2002), 7.

schreibung und Erklärung der Coachingprozesse die identitätstheoretische Didaktik und die Ermöglichungsdidaktik als am geeignetsten erscheinen.[334]

---

[334] Vgl. NITSCH (2002), 77. Da eine Untersuchung dieser Thematik nicht Gegenstand der vorliegenden Arbeit ist, wird das Ergebnis NITSCHS hier wiedergegeben, aber nicht weiter untersucht.

Obwohl sich beim Coaching, wie bereits weiter oben dargestellt wurde, die Theorie mehr oder minder erst in Folge der Praxis entwickelte und auch in der Literatur nicht den Stellenwert innehat, den die Praxis einnimmt, ist doch ein allmähliches Bemühen um theoretische Fundierung feststellbar. OF-FERMANNS[335] analysiert, in welchem Stadium der Theoriebildung sich Coaching derzeit befindet und geht dabei vom Modell GREIFS aus, welches drei Stadien der wissenschaftlichen Auseinandersetzung mit einem Gegenstand unterscheidet: die Pionierzeit, die Phase der Expansion und Wissenserweiterung und die Phase der Stabilisierung und organisationalen Professionalisierung. Coaching ist mittlerweile in der Phase der Expansion und Wissenserweiterung angekommen. Während in der Pionierzeit noch die ersten programmatischen Darstellungen zum Aufgabenfeld und zum Selbstverständnis dominierten, sind es nun Veröffentlichungen, die versuchen, das Aufgabenfeld systematisch zu erschließen und Expertenwissen zu entwickeln.[336] Ein großer Teil der wissenschaftlichen Auseinandersetzung zum Coaching geschieht derzeit über Abschlussarbeiten und Dissertationen, wobei neben der Klärung anwendungsbezogener Fragen wie z.b. der Methodik und Evaluation von Coachingmaßnahmen auch die Erörterung fundamentaler Fragestellungen wie der wissenschaftlichen Begründung oder systematischen Einordnung des Coaching erfolgt. Im allgemeinen wissenschaftlichen Schrifttum und in der damit verbundenen wissenschaftlichen Etablierung, welche mit der dritten Phase der Stabilisierung verbunden wäre, ist Coaching noch nicht angekommen.[337]

Analysiert man die verfügbare Literatur mit dem Ziel, den theoretischen Hintergrund zu erkennen, vor welchem die publizierten Coachingkonzepte entwickelt wurden, steht man zunächst vor der Schwierigkeit, dass nicht alle Autoren klar benennen, welche Basis sie für ihre Ausarbeitungen verwenden. Daneben ist auch feststellbar, dass es Coachingmodelle gibt, welche nicht eindeutig einem theoretischen Fundament zuordenbar sind und sich verschiedener Bezüge bedienen. Diese Tatsache ist sicher dem Umstand geschuldet, dass die Veröffentlichungen zum Coaching oft als Praxisleitfä-

---

[335] Vgl. OFFERMANNS (2004), 24ff.

[336] Vgl. OFFERMANNS (2004), 25.

[337] Dies wurde an anderer Stelle bereits belegt: Coaching ist in vielen Standardwerken der Pädagogik und Wirtschaftswissenschaft noch nicht erwähnt.

den konzipiert wurden, und eine umfassendere Reflexion an der Theorie unterblieb, was allerdings auch zu inneren Widersprüchen und damit mangelnder Qualität führen kann.

Die existierenden Coachingkonzepte, wie sie beispielsweise von RAUEN im Überblick vorgestellt werden, sind sehr heterogen.[338] Um dennoch eine Systematik in die Konzepte zu bringen, ist es ein sinnvoller Ansatzpunkt, vom geistigen Ursprung eines Coachingkonzepts auszugehen. Dieser ist vor allem im verwendeten Menschenbild, im bezugswissenschaftlichen Hintergrund sowie in den Anwendungsbereichen und der Methodik zu suchen. Eine grobe Einteilung der existierenden Coachingkonzepte könnte wie folgt vorgenommen werden:

- Coachingkonzepte, welche die Systemtheorie zur Grundlage wählen.
- Coachingkonzepte, die vor allem auf psychologischen Theorien und Erkenntnissen basieren und diese zur Anwendung bringen.
- Coachingkonzepte, die vorwiegend ökonomische Zielsetzungen berücksichtigen und ihren Ursprung im Menschenbild des homo oeconomicus und der betriebswirtschaftlichen Personalführung sehen.

Mit der Einteilung wird lediglich ausgesagt, wo der jeweilige Schwerpunkt eines Konzepts liegt, und nicht, dass Elemente die in Coachingkonzepten anderer Prägung dominant sind, überhaupt nicht vorkommen; eine klare Trennschärfe ist damit mit Sicherheit nicht gegeben.

Im folgenden Kapitel sollen die drei genannten Grundtypen der Coachingkonzepte und der Einfluss ihrer Bezugsrahmen, in den sie eingebettet sind, vorgestellt werden. Dabei wird auch untersucht, ob die Konzepte prinzipiell für ein Coaching in erwachsenenbildnerischer Sicht, wie es unter 2.3.2 definiert wurde, geeignet sind. Zudem sei der Vollständigkeit wegen darauf hingewiesen, dass die Coachingkonzepte, die keinen eindeutigen theoretischen Hintergrund aufweisen bzw. keine primär verwendete Bezugswissenschaft kennen, dementsprechend hier nicht zugeordnet und besprochen werden können.

---

[338] Vgl. RAUEN (2001), 75-146.

3.1   Coaching in der systemtheoretischen Perspektive

Spätestens seit der deutschen Übersetzung des Buches „Die fünfte Disziplin" von PETER M. SENGE[339] ist die systemtheoretische Sichtweise in den Weiterbildungsabteilungen der Unternehmen in Deutschland angekommen, da dieses Werk gerade unter Weiterbildnern eine große Popularität erreichte. Auch das Thema Coaching wurde im Geist einer systemtheoretischen Orientierung von Mitarbeitern im Bereich der betrieblichen Weiterbildung und von freiberuflich Tätigen aufgegriffen. Ob sich jedoch tatsächlich das „Paradigma der Systemischen Therapie" als „ideales Denk- und Handlungsmodell für Coachingprozesse"[340] heraus kristallisierte, müsste zumindest bewiesen werden. Die alleinige Behauptung genügt hier nicht, und Vertreter anderer theoretischer Bezüge könnten durchaus das Gegenteil behaupten.

Systemisches Coaching entstammt nicht originär einem pädagogischen Kontext, sondern wurde aus der Systemischen Therapie entwickelt, welche sich wiederum auf die Kybernetik, den radikalen Konstruktivismus, die Systemtheorie im Sinne MATURANAS und VARELAS und die Theorie sozialer Systeme eines NIKLAS LUHMANN bezieht.[341] Diese systemische Therapie befasst sich mit Mustern von Beziehungen in Humansystemen. Gemeint sind damit die Verknüpfungen sowohl zwischen Menschen untereinander als auch zwischen Menschen und den angrenzenden Systemen sowie die Veränderungen bzw. Nicht-Veränderung dieser Beziehungen. In der Therapie wird versucht, zunächst Informationen über die Wirkungen der Muster auf die verschiedenen Ebenen des menschlichen Lebens zu gewinnen, d.h. wie die Muster wirken, sich wechselseitig bedingen und wann sie zu Problemen führen können. Die Ebenen, welche dabei betrachtet werden, sind körperliche Reaktionen, Grundannahmen, die emotionale Ebene sowie das Verhalten als Individuum und in der Gruppe.[342] Eine Grundannahme der systemischen Therapie ist es, dass die Probleme in menschlichen Systemen immer dann gehäuft auftreten, wenn vom ‚System Mensch' Anpassungsleistungen gefordert werden, seien sie notwendig auf Grund von Veränderungen im System Mensch selbst (beispielsweise wegen gesundheitlicher Beeinträchtigungen) oder wegen Veränderungen in angrenzenden Systemen, mit denen der

---

[339] SENGE, P. M. (1999).
[340] GESTER (1991), 104.
[341] Vgl. GLOGER (2004), 70f.
[342] Vgl. GESTER (1991), 104.

Mensch in Beziehung steht (z.b. eine berufliche Veränderung, Veränderungen im Privatleben). Die Anpassungsleistung gelingt dann nicht, wenn dem System Mensch entweder nicht genügend Informationen vorliegen oder wenn die Anpassung an sich nicht möglich ist. Die vorher dynamischen Beziehungen zur Umwelt werden bei nicht gelungener Anpassung statisch und die Problemlöseversuche einseitig, was beispielsweise zu so bekannten Phänomenen wie den von WATZLAWICK beschriebenen Versuch der Problemlösung durch „Mehr-Desselben" führt. Gemeint ist damit der Versuch, eine nicht erfolgreiche Problemlösestrategie dadurch zum Erfolg zu führen, indem vom verwandten Mittel immer mehr eingesetzt wird, was im Regelfall scheitert.

Systemisches Coaching will die Vernetzungen des Klienten mit seiner Umwelt aufdecken und dann entsprechende Unterstützungsleistung anbieten, wo die Verbindungen zu umgebenden Systemen problembehaftet sind. Verschiedene Autoren entwarfen dazu unterschiedliche Modelle, welche versuchen, die typischerweise auftretenden Arten von an den (berufstätigen) Menschen angrenzenden Systemen zu katalogisieren.[343] Die Aufgaben eines systemischen Coaching liegen einerseits darin, bei der Problemwahrnehmung durch Selbstreflexion und Entwicklung neuer Sichtweisen sowie andererseits bei der Entwicklung von Handlungsoptionen und deren Umsetzung zu unterstützen, womit neben der klassischen Beratung durchaus inhaltlich qualifizierende Elemente enthalten sind. Ziel der Maßnahme ist dabei immer die Stabilisierung des Gesamtsystems. Vier Ansatzpunkte für Coachingmaßnahmen im Sinne eines systemtheoretisch ausgelegten Coaching zeigt die folgende Abbildung 6:

---

[343] Vgl. GESTER (1991), 106 mit den Modellen von SCHMID und GESTER oder vgl. FALLNER/POHL (2001), 101-103.

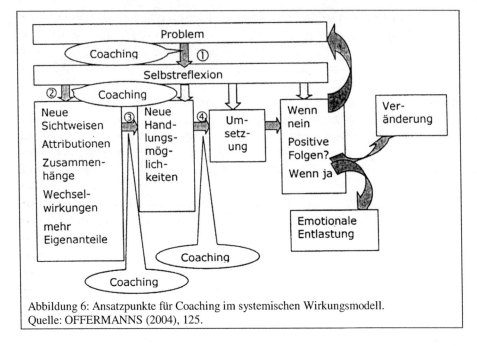

Abbildung 6: Ansatzpunkte für Coaching im systemischen Wirkungsmodell.
Quelle: OFFERMANNS (2004), 125.

Damit stellt sich nun die Frage, wie ein systemtheoretisches Coachingmodell aus dem Blickwinkel der Erwachsenenbildung zu werten ist.

Ein sehr kritisch zu wertender Gesichtspunkt im Sinne einer Erwachsenenbildung ist zunächst die zum Teil sehr deutlich formulierte ausschließliche Zielsetzung der Systemstabilisierung. Das System Mensch als Teilsystem soll durch Kompetenzvermittlung möglichst reibungslos im Gesamtsystem ‚funktionieren‘, denn „die Leistung eines Systems hängt von den verfügbaren Kompetenzen seiner MitarbeiterInnen ab.“[344] Dementsprechend ist ein systemisch orientiertes Coachingkonzept „systemfreundlich und systemflexibel. Es orientiert sich am Bedarf des Systems und fragt nicht: wie muß ein System beschaffen sein [...] sondern: welchen Bedarf zeigt und formuliert das System?“[345] Von einem Ausgleich zwischen individuellen und organisationalen Bedürfnissen und Zielsetzungen, wie unter 2.3.2 gefordert, kann hier nicht gesprochen werden. Als schwierig erweist sich die Nähe des systemtheoretisch begründeten Coaching zur systemischen Therapie. Diese

---

[344] FALLNER/POHL (2001), 101.
[345] FALLNER/POHL (2001), 102.

Nähe lässt den eindeutigen Trennstrich vermissen, der zwischen einer pädagogischen Maßnahme wie Coaching und einer therapeutischen Intervention notwendig ist. Als weiteres Problem ergibt sich, dass systemtheoretische Betrachtungen relativ wertneutral sind, damit aber auch keinen ethischen Bezug herstellen und über Moralität des Handelns keine Aussage treffen. Erfüllt ist aber die Forderung, dass Coaching sowohl als Beratung auf Ebene der Förderung selbstregulativer Fähigkeiten und Wahrnehmungen als auch mittels Kompetenzvermittlung auf der Ebene konkreter Inhaltlichkeit erfolgt; beides ist notwendig um die Anpassungsleistungen des Humansystems im Sinne dieser Coachingtheorie zu befördern. Die vorwiegende Ausrichtung der Systembetrachtung auf den berufstätigen Menschen trübt den Blick darauf, dass menschliches Leben als Einheit zu sehen ist. Zwar werden die privaten, politischen und gesellschaftlichen Nachbarsysteme mit ihren Einflüssen auf das System Berufsleben beachtet, allerdings nicht insgesamt als gleichbedeutsam mit einbezogen. Grundsätzlich bleibt bei jedem systemtheoretischen Konzept die Entscheidung offen, ob vom jeweiligen individuellen anthropologischen Standort des Betrachters aus überhaupt menschliches Leben der systemtheoretischen Betrachtung zugänglich ist, oder ob es sich beim Menschen gerade um die „kreative Stelle im System"[346] handeln könnte. Dieser Frage kann an dieser Stelle vertiefend jedoch nicht nachgegangen werden.

3.2   Coaching auf Basis psychologischer Theorien

Die Tatsache, dass Coaching weniger von der Pädagogik aber umso stärker von der Psychologie bearbeitet und für sich reklamiert wurde, fand schon an mehreren Stellen Erwähnung und wurde auch ansatzweise zu erklären versucht. Als eine Auswirkung in der Praxis ergab sich daher, dass Coaching vor allem auch mit psychologischen Theorien betrieben wird. Die Bandbreite der verwendeten psychologischen Ansatzpunkte ist dabei sehr breit, in der von RAUEN zusammengetragenen Übersicht gängiger Coachingansätze werden alle drei bedeutsamen Spielarten der heutigen Psychologie aufgeführt[347]: Sowohl die Tiefenpsychologie (in der Variante der auf ADLER[348]

---

[346] KRON (1990), 50 zit. nach FELL (1993), 115
[347] Vgl. RAUEN (2001), 140f.
[348] Der Österreicher ADLER gehört neben FREUD und JUNG zu den bedeutendsten Vertretern der Tiefenpsychologie und begründete die Individualpsychologie, welche besonders

---

beruhenden Individualpsychologie oder der Transaktionsanalyse[349]) als auch die humanistische Psychologie[350] und der aus dem Behaviorismus entwickelte Kognitivismus fanden Niederschlag in Coachingkonzepten. Gemeinsam scheint diesen Konzepten zu sein, dass vor allem die Situationsanalyse und die Frage der optimalen Durchführung sowie die Entwicklung von Methoden für das Coaching im Vordergrund stehen. Die Ursache ist darin zu sehen, dass die Therapie und Beratung seit jeher eine Kernkompetenz der Psychologie ist, hier differenzierte Diagnose- und leistungsfähige Behandlungsmodelle entwickelt wurden und dieses Potenzial dann für eine Anwendung im Coaching zur Verfügung stand. Dementsprechend griffen vor allem Psychologinnen und Psychologen Coaching als neues Arbeitsfeld auf und brachten die Kenntnisse aus ihrer Fachdisziplin ein. Die Situationsanalyse, also die Begründung, wann und warum Coaching notwendig oder sinnvoll ist, beruht auf der jeweiligen Schule, dem der Ansatz entstammt. So sieht beispielsweise BAYER das Zusammenleben der Menschen strikt in der Interpretation der Individualpsychologie und stellt daher fest, dass es niemals Sachprobleme, sondern stets nur Beziehungsprobleme gibt, wobei er als eine wesentliche Ursache die Angst als reduziertes Gemeinschaftsgefühl identifizieren

---

nach dem Zweck (Finalität) von Handlungen fragt. In der Lehre der Individualpsychologie versucht der Mensch, seine im Kleinkindalter erlebte Minderwertigkeit durch ein Streben nach Vollkommenheit zu kompensieren und entwickelt dazu bestimmte Leitlinien, die gewissen konstruktiven/destruktiven bzw. aktiven/passiven Grundmustern folgen. Sinn hat menschliches Leben dann, wenn die Kompensation, also das Streben nach Vollkommenheit, unter dem Leitmotiv des Wohles der Allgemeinheit steht. Vgl. ADLER (1933).

[349] Die Transaktionsanalyse wurde von BERNE begründet und leitet sich aus der Psychoanalyse ab. Sie will sowohl die Entwicklung als auch die Veränderung der menschlichen Persönlichkeit fördern. Ziel ist ein Akzeptieren der eigenen Person und eine Veränderung des gewohnten Verhaltens, um Handlungsspielraum zu gewinnen. Im Rahmen der betrieblichen Weiterbildung wurde die Transaktionsanalyse vor allem durch die Beleuchtung gewisser ,psychologischer Spiele' bekannt, welche beim Zusammenleben der Menschen ablaufen. Vgl. hierzu beispielsweise DEHNER (2004).

[350] Im Coaching wurde vor allem auch die klientenzentrierte Gesprächsführung ROGERS aufgegriffen. Insgesamt steht die humanistische Psychologie den Auffassungen eines dialogischen Menschenbildes sehr nahe, wie auch SUTER darlegen kann, vgl. SUTER (1986). Häufiger wird auch Coaching auf Basis der – durchaus umstrittenen – Neurolinguistischen Programmierung (NLP) konzipiert. Die NLP sieht sich selbst in der Tradition der humanistischen Psychologie (Vgl. MAAß/RITSCHL (1997), 35.), steht aber immer wieder im Verdacht, gezielt manipulativ zu sein oder über esoterische und sektenartige Strukturen propagiert zu werden.

kann.[351] Gleiches gilt für das Ziel eines Coaching. Da in der Individualpsychologie das Streben nach dem Wohl der Allgemeinheit letztlich Ziel des Menschen ist, hat auch das Coaching zum Zweck, das „Gemeinschaftsgefühl zu fördern bzw. zu entwickeln."[352] Problematisch werden psychologische Ansätze im Coaching aus Sicht der mit stringenten Konzepten arbeitenden Vertreter immer dann, wenn versucht wird, verschiedene Richtungen der Psychologie zu ‚Zweck-Psychologien' zu kombinieren. Die Folge ist „Unverbindlichkeit bis hin zur Teilnehmerverwirrung"[353]: Beispielhaft kann hier das Coachingkonzept von HAMANN und HUBER[354] genannt werden. Schon der Titel des Buches „Coaching. Der Vorgesetzte als Trainer" lässt vermuten, dass die Autoren nicht klar die Interventionsmaßnahmen und zugehörigen Rollen auseinanderhalten. So wird nicht deutlich, ob nun Personalführung, Beratung im Sinne eines Coaching, oder Wissens- bzw. Verhaltensvermittlung Thema des Werkes ist. Dementsprechend wird ein seit langem bekanntes Modell aus der betriebswirtschaftlichen Personalführungstheorie, das von HERSEY und BLANCHARD entwickelte Konzept des situativen Führens, als Coachingmodell psychologisch ausgearbeitet, dabei das Phänomen ‚Führung' durch die Methode ‚Coaching' ersetzt und behauptet: „Jeder Vorgesetzte hat im Rahmen seiner Führungsaufgabe diese Rolle [des Coaches m.h.] automatisch übernommen".[355] Ebenso diffus ist die Darstellung der Methoden, welche im Coachingprozess zur Anwendung kommen sollen, so dass RAUEN zur Erkenntnis kommt: „Der Hintergrund für diesen Prozeß ist eklektisch und bedient sich verschiedenster Methoden, u.a. aus der Transaktionsanalyse und dem Neurolinguistischen Programmieren."[356] Insgesamt dürfte ein solcher, aus verschiedensten psychologischen

---

[351] Vgl. RAUEN (2001), 78, der sich hier auf BAYER (1995) bezieht.
[352] RAUEN (2001), 81, der sich hier auf BAYER (1995) bezieht.
[353] BAYER (2002), 325.
[354] HAMANN/HUBER (1991).
[355] HAMANN/HUBER (1991), 3.
[356] RAUEN (2001), 93. Bezeichnend ist diese Vermischung unterschiedlicher, eigentlich nicht zueinander passender Ansätze (‚Zweck-Psychologie') auch deshalb, weil die Transaktionsanalyse der Gruppe der Tiefenpsychologien zuzuordnen ist, wogegen sich die NLP von ihren Befürwortern im Bereich der Humanistischen Psychologie ansiedeln lässt. Während die Tiefenpsychologie in Theorie und Therapie stärker auf die Ursachen abzielt, beschäftigt sich die humanistische Psychologie eher mit dem aktuellen Erleben und Handeln und der Finalität des Tuns.

Techniken[357] zusammengesetzter Coachingansatz schwer umsetzbar sein und darüber hinaus auch kaum eine Bildungswirkung entfalten. Aus Sicht einer dialogisch geprägten Erwachsenenbildung ist zunächst die strikte Festlegung der Menschenbilder in den verschiedenen psychologischen Ansätzen problembehaftet. Legt man ein geisteswissenschaftliches Wissenschaftsverständnis zu Grunde, ist festzuhalten, „dass kein Ansatz sich als allgemeingültig verstehen darf"[358], sondern zunächst immer im Zusammenhang mit dem geschichtlichen Umfeld, in dem er formuliert wurde, gesehen werden muss. Dementsprechend ist auch die rigorose Erklärung *aller* Phänomene des psychischen Lebens *aller* Menschen durch ein jeweiliges Erklärungsmuster genauso bedenklich wie eine oben skizzierte eklektische Beliebigkeit. Eine weitere Schwäche stark psychologisch ausgerichteter Coachingmodelle ist die Tatsache, dass Coaching im Sinne einer Handlungsanleitung zur Technik wird, und die Ziele von außen vorgegeben werden. Von pädagogischem Handeln ist zu fordern,[359] dass sowohl die Gestaltung als auch die Normierung der Handlungsvollzüge aus der pädagogischen Theorie selbst heraus geleistet werden, dies muss auch weitestmöglich im Rahmen der betrieblichen Bildung eingehalten werden. Da die Psychologie aber durchaus sehr mächtige und wirksame Verfahren bereitstellt, ist ein Coaching mit rein psychologischen Diagnose- und Handlungswerkzeugen möglicherweise kurzfristig sogar effektiv, langfristig jedoch wird es dem Menschen nicht gerecht, da die Frage nach dem Ziel nicht beantwortet wird bzw. nicht zusammen von den beteiligten Personen geklärt wird, sondern a priori durch das jeweilige Menschenbild festgelegt ist. Dies gilt insbesondere dann, wenn mittels der Methoden und der darin enthaltenen Vorannahmen des jeweiligen Konzepts eine mehr oder minder bewusste Manipulation versucht wird, die den Klienten zum Objekt degradiert.[360] Hier ist der Einschät-

---

[357] Der Begriff ‚Technik' ist hier mit Bedacht gewählt. Technik impliziert, dass die Handlungsanweisungen von anderen Wissenschaften (der sog. Grundwissenschaft) zur Anwendung gebracht werden, z.B. die Erkenntnisse der Naturwissenschaften in den Ingenieurwissenschaften. Vgl. TSCHAMLER (1996), 150. Wird Pädagogik bzw. pädagogisches Handeln zur Technik reduziert, hieße es, lediglich die Handlungsanweisungen einer fremden Grundwissenschaft umzusetzen, die Individualität pädagogischen Handelns wäre verloren. Darauf hat insb. LITT aufmerksam gemacht, vgl. LITT (1961), 56ff. oder LITT (1968), 84f.

[358] SUTER(1986), 310.

[359] Auch hier liegt wieder ein eher geisteswissenschaftlich geprägtes Verständnis von Pädagogik und damit auch von Erwachsenenbildung vor.

[360] Vgl. RAUEN (2001), 128.

zung ROHRHIRSCHS zuzustimmen, wenn er im Zusammenhang mit Führung und Motivation feststellt, wobei beide Begriffe in dieser Sichtweise gegen Coaching austauschbar wären, dass es bei der Anwendung psychologischer Methoden „nicht darum geht, was oder wer derjenige ist, der geführt bzw. motiviert werden soll, sondern es ausschließlich darum geht, [...] das Verhalten des Leistungsträgers zielgerichtet modifizieren zu können.“[361] Der Mensch wird damit zum Objekt. Die Zielsetzung des Coaching, die Fähigkeit zur Selbstregulation zu stärken, also gezielt eigene Arbeitsorganisation, selbstgesteuertes Lernen, emanzipierte Persönlichkeit usw. zu fördern, wird damit konterkariert. Der Aufbau einer echten, von Vertrauen geprägten Beziehung ist unter solchen Umständen schwer denkbar. Eine weitere Gefahr ist darin zu sehen, dass ein auf lediglich psychologischer Basis beruhendes Coaching die Bedeutung der Feldkompetenz, also des Fachwissens im relevanten Beratungsfeld, unterschätzt.[362] Bereits unter 2.2 wurde erläutert, dass von einer pädagogischen Theoriebildung zu fordern ist, sparsam mit außerpädagogischen Bezügen umzugehen – auch deshalb ist ein auf lediglich psychologische Grundlagen gestütztes Verfahren im Coaching wohl eine psychologische, aber längst noch keine pädagogische Maßnahme.

Bei aller Kritik an *ausschließlich* psychologisch *begründeten* Coachingkonzepten darf jedoch nicht übersehen werden, dass auch die Erwachsenenbildung Hinweise aus Nachbardisziplinen aufgreifen muss und davon profitieren kann. Selbstverständlich ist es daher notwendig, beispielsweise Erkenntnisse der Lernforschung in das Handeln der Erwachsenenbildung und ihre Theoriebildung einzubeziehen. Die Normierung des Handelns an sich ist jedoch von der Erwachsenenbildung selbst zu leisten.

3.3   Coaching unter ökonomischen Zielsetzungen der Personalführung

Da Coaching in den verschiedensten Facetten derzeit am meisten in privatwirtschaftlichen Unternehmen angewandt wird, ist es nur folgerichtig, dass sich auch die Ökonomie in gewisser Weise damit auseinandersetzt. Sehr häufig wird dabei das Coaching als eine Form der Mitarbeiterführung betrachtet, und die Auseinandersetzung mit der Thematik findet seitens der Wirtschaftswissenschaften im Fach Personalwirtschaft (auch Personalmana-

---

[361] ROHRHIRSCH (2002), 103.
[362] Vgl. SCHREYÖGG (2003), 138.

gement oder betriebliches Personalwesen genannt) und hier im Teilbereich Personalführung statt.[363] Wie bereits in Kapitel 1 ausgeführt handelt es sich hier um eine ursprüngliche Form des Coaching in der Wirtschaftswelt, noch bevor das Coaching durch einen externen oder internen Personal- oder Organisationsentwickler zur Anwendung kam.[364] Im Folgenden soll nur diese spezielle Form des Coaching als Personalführung unter dem Eindruck ökonomischer Grundannahmen beleuchtet werden.

In vielen Werken zur Mitarbeiterführung wird Coaching als ein wesentlicher Bestandteil des Führens genannt[365], andere Werke beschäftigen sich ausschließlich mit Coaching als zeitgemäße Form der Führung[366] und wieder andere Autoren lehnen Coaching als Form der Personalführung völlig ab[367], da ihnen die Aufgaben des Coaches mit denen einer Führungskraft in einem Wirtschaftsunternehmen unvereinbar erscheinen. Im Sinn dieses Buches ist die Frage interessant, ob Coaching als Führungsform möglich ist, was die Besonderheit der Führungsform Coaching ausmachen könnte und ob unter Umständen auch hier von einer pädagogischen Situation im Sinne der Erwachsenenbildung gesprochen werden kann.

Gekennzeichnet ist diese Form des Coaching zunächst dadurch, dass die handelnden Akteure eine Beziehung zueinander haben, die von der gewohnten Relation in der Erwachsenenbildung abweicht, denn „eine Führungskraft bleibt auch im Coaching Vorgesetzter."[368] Soll nun Coaching tatsächlich auch in einer Führungsbeziehung möglich sein und nicht nur das beschreiben, was man früher „Krisengespräch, Gespräch unter vier Augen oder ehrliche Aussprache genannt hat"[369], kann dies nicht ohne Vertrauen funktionie-

---

[363] So ordnet JUNG Coaching unter den Abschnitt ‚Personalführung' im Kapitel ‚Leistungserhaltung und -förderung' ein und nicht unter den Abschnitt ‚Personalentwicklung' im Kapitel ‚Personelle Leistungsbereitstellung', siehe JUNG (1999).

[364] Ob Coaching durch die Führungskraft sinnvoll ist, und ob damit Coaching als Personalführungsinstrument geeignet ist, ist in der Literatur äußerst umstritten und wird kontrovers diskutiert. Orientiert man sich an den faktischen Gegebenheiten, kann man aber nicht darüber hinwegsehen, dass Coaching auch als Führungsinstrument verwendet wird.

[365] Vgl. beispielsweise WILDENMANN (1996), XVI und 135-188.

[366] Vgl. beispielsweise MEINHARDT/WEBER (2000).

[367] Vgl. beispielsweise LIPPMANN (2005), 273-277.

[368] MEINHARDT/WEBER (2000), 13. Wenn auch nicht immer explizit ausgeführt, beruht die Theorie und Praxis von Vorgesetzten-Mitarbeiter-Verhältnissen immer auch auf Macht und Autorität. JUNG (1999) benennt Macht und Autorität ausdrücklich als Führungsvoraussetzung. Vgl. JUNG (1999), 403.

[369] PINNOW (2004), 31.

ren. Nur in einem Vertrauensverhältnis sind offene Gespräche möglich, und hier wird die berufliche Beziehung zwischen den Beteiligten wichtig. Die Vertrauensbasis muss dabei auf beiden Seiten vorhanden sein. Nicht nur der Untergebene muss der Führungskraft vertrauen, auch diese muss vom Mitarbeiter, seinen Fähigkeiten und seiner grundsätzlichen Kompetenz überzeugt sein.[370] Aus dieser Beziehung ergibt sich eine zweite Besonderheit: Coaching bzw. Mitarbeiterführung allgemein ist eine unter mehreren Aufgaben einer Führungskraft. Damit ist die Frage aufgeworfen, ob eine Führungskraft überhaupt die notwendigen Kompetenzen für Coaching besitzt bzw. welche Kompetenzen für die Nutzung von Coaching im Führungshandeln nötig sind.

Um die Besonderheiten des Führungsinstruments Coaching zu klären, muss der Begriff der Mitarbeiterführung definiert werden. Mit Führung bezeichnet man in der Ökonomie „Beeinflussungsprozesse in Organisationen, mit denen beabsichtigt wird, das Handeln und Verhalten von Personen in bestimmter Weise auszurichten", mit dem Ziel, „die Verfolgung des Organisationszwecks zu fördern, der sich in Effektivitäts- und Effizienzkriterien konkretisiert."[371] Dabei ist nun die Feststellung wichtig, dass Coaching nicht *die* Form der Personalführung sein kann[372], sondern *nur eines* von verschiedensten Instrumenten einer Führungskraft, neben Maßnahmen wie Unterweisung, Training, Rollenspiel, Arbeitsplatzgestaltung, Zuweisung von Arbeitsaufgaben, Appellen, Ratschlägen und Anweisungen und der Vorbildfunktion.[373] Versucht man Kriterien herauszuarbeiten, bei denen Coaching eine geeignete Form des Führungshandelns ist, so bietet sich das Modell des ‚Situationsbezogenen Führens' von HERSEY und BLANCHARD[374] an. In der betriebswirtschaftlichen Literatur – sei es in eher praxisorientierter Ratgeberliteratur oder in wissenschaftlichen Veröffentlichungen – wird oft auf dieses Modell zur Analyse der Führungssituation Bezug genommen, so beispielsweise durch WILDENMANN[375] oder GEBERT[376]. Allerdings erfolgt dieser Rück-

---

[370] Vgl. MEINHARDT/WEBER (2000), 13.
[371] BARTÖLKE/GRIEGER (2004), 137.
[372] So stellt SCHNEIDER (2004), 654 richtig fest: „Coaching ist *eine* Form der Mitarbeiterführung." (Textauszeichnung m.h.)
[373] Vgl. WILDENMANN (1996), 135.
[374] BLANCHARD u.a. (1986).
[375] Vgl. WILDENMANN (1996), 144f.
[376] Vgl. GEBERT (2004), 820.

griff nicht in der Gestalt, wie weiter oben bei HAMANN und HUBER[377] aufgezeigt wurde, dass sämtliche Führungssituationen als Coachingsituationen begriffen werden. Vielmehr werden Kriterien formuliert, bei welchen Gegebenheiten der Einsatz von Coaching als Führungsinstrument angezeigt ist. So stellt WILDENMANN fest, dass Coaching nur dann als Führungsinstrument zum Einsatz kommen soll, wenn zwischen Führungskraft und Mitarbeiter sowohl Vertrauen als auch Kongruenz der Ziele hergestellt sind.[378] MEINHARDT/WEBER weisen darauf hin, dass der zu coachende Mitarbeiter über genügend Kompetenz verfügen muss, um mit der Führungskraft auf etwa gleichem Niveau arbeiten zu können. Coaching ist damit klar dahingehend positioniert, dass es als Führungsinstrument nicht im Rahmen der Einarbeitung und bei der Vermittlung basaler Kenntnisse geeignet ist.[379] Sind aber die Voraussetzungen gegeben, bietet sich Coaching an, um im Gespräch dem Mitarbeiter Hilfestellung zu geben, Aufgaben und Probleme selbst lösen zu können. Damit entspricht Coaching als Führungsinstrument „den veränderten Erwartungen von Mitarbeitern an ihre Arbeit und an Führung". Es setzt „auf Eigenverantwortung und Eigeninitiative der Mitarbeiter"[380]. Coaching findet integriert in den Arbeitsprozess statt, was die Trennung von Lern- und Arbeitsphasen vermindert und damit zeiteffizient ist. Um Coaching als Vorgesetzter durchführen zu können, stellt JUNG an die Führungskräfte folgende Anforderungen:[381]

- Ausgeprägte Kommunikations- und Kooperationsfähigkeit.
- Genügend Zeit für das Coaching.
- Echtes Interesse am Coaching und an der zu beratenden Person unter Zurückstellung seiner eigenen Interessen und ohne taktisches Kalkül.
- Verantwortungsbewusster Umgang mit den Interventionsmaßnahmen.

Als Schwierigkeit benennt u.a. JUNG die vielfältigen Konfliktsituationen, denen Vorgesetzte und Mitarbeiter beim Coaching in einer Führungsbeziehung ausgesetzt sind. So sind z.B. Mitarbeiter auch in der Situation des Coaching möglicherweise gehemmt gegenüber ihrer Führungskraft, „wenn

---

[377] HAMANN/HUBER (1991).
[378] Vgl. WILDENMANN (1996), 185f.
[379] Vgl. MEINHARDT/WEBER (2000), 21.
[380] SCHNEIDER (2004), 658.
[381] Vgl. JUNG (1999), 547f. Diese Anforderungen sind zum Teil auch generell an heutige Führungskräfte zu stellen.

es um die Reflexion von Persönlichkeitsthemen geht."[382] Die Führungskraft gerät in eine Konfliktsituation, wenn die Auffassungen des Mitarbeiters z.b. in grundsätzlichen Fragen der Geschäftspolitik und Unternehmenskultur nicht mit denen der Unternehmensleitung übereinstimmen, denn schließlich ist die Führungskraft „eine Person, die ihre Loyalität dem Unternehmen gegenüber zu erfüllen hat; sie ist verantwortlich für das Erreichen der Unternehmensziele, hat die disziplinarische Verantwortung und die Kontrolle der Arbeitsleistung ihrer Mitarbeiter wahrzunehmen."[383] Eine offene, gleichberechtigte, nondirektive oder gar in Vollform dialogische Beziehung kann keinesfalls erreicht werden. Erwachsenenbildung im herkömmlichen Sinn kann in einer solchen Konstellation nicht durchgeführt werden.

Aber auch als Führungsinstrument bleibt Coaching dennoch pädagogisches Handeln[384], denn, wie weiter oben im Zitat belegt, soll das Handeln und Verhalten von Personen beeinflusst werden. Wenn dabei auch bestimmte Sachinhalte und Einstellungen bewusst transportiert werden[385], ist dies als eine pädagogische bzw. erwachsenenbildnerische Aktivität zu werten. Damit ist seitens der Führungskraft, die Coaching anwenden will, pädagogische Kompetenz notwendig. Da im Bereich der Führungskräfte jedoch bisher zumeist die sog. Eigenschaftstheorie galt, erfolgte die Auswahl von Führungskräften im Schwerpunkt nach der Führungspersönlichkeit, „die Führungsfähigkeiten galten als angeboren oder zumindest als nicht erlernbare ‚Kunst'"[386].

Dadurch, dass der Einsatz von Personal stärker zu einem entscheidenden Erfolgsfaktor für die Unternehmen wurde, kam es zu einem Rollenwandel im Management hin zu einer stärkeren Betonung des Führungshandelns. Der Arbeitsmarkt für Führungskräfte verlangt also explizit nach Führungsquali-

---

[382] JUNG (1999), 548.

[383] JELINEK (2005), 13.

[384] Mit gutem Grund kann Führung generell als Phänomen bezeichnet werden, welches pädagogisch gesehen und untersucht werden kann.

[385] Der Versuch der Beeinflussung von Verhalten und Handeln allein ist kein Merkmal für eine pädagogische Situation. Kommen aber transportierte Inhalte hinzu, ist das Vorliegen einer pädagogischen Situation schon wahrscheinlicher. Eine prägnante Definition dessen, was unter einer pädagogische Situation zu verstehen ist, ist kaum möglich. In Anlehnung an LITT kann man formulieren: Was pädagogisches Handeln ist, kann nur der feststellen, der schon eine gewisse Vorstellung davon hat, was pädagogisches Handeln sein soll. (LITT spricht statt von ‚pädagogischem Handeln' von ‚Erziehung', vgl. LITT (1968), 103.)

[386] LANG/ALT (2004), 484.

fikationen bei Führungskräften, wobei durchaus akzeptiert wird, dass die notwendigen Kompetenzen erst durch Aus- und Weiterbildung erworben werden müssen. Damit ist die Forderung nicht unberechtigt, Führungskräfte in pädagogischer Hinsicht zu qualifizieren. Dies ist auch deshalb nötig, da sich der Anspruch der Mitarbeiter an Führung gewandelt hat. Während früher die autoritäre Führungskraft unumstritten anerkannt war, fordern Mitarbeiter heute im Zuge der seit langem etablierten demokratischen Gesellschaftsordnung weniger hierarchische, sondern mehr partnerschaftliche Führung. Gleichzeitig veränderte sich auch die Arbeitswelt. Dominierte früher die stark arbeitsteilige tayloristische Organisationsform, wird heute stärker auf Teamarbeit, Prozessdenken und kooperatives Handeln Wert gelegt, um der gestiegenen Komplexität der Arbeitsanforderungen gerecht zu werden.[387] Recht unvereinbar mit einer dialogorientierten pädagogischen Theorie der Führung ist daher zunächst die Führungsdefinition der Ökonomie und in Folge dessen ist sie eher kritisch zu betrachten, da sie letztlich die Beeinflussung von Menschen im Sinne der Organisation einfordert. Dem steht die pädagogische, der Aufklärung verpflichtete Auffassung mit „ihrem ganzheitlichen Verständnis von Führung als Begleitung, als Beratung, als Hilfe zur Selbsthilfe, als Ermutigung mit dem Ziel der Befähigung zum selbständigen Handeln entgegen."[388] Genauso steht ein rein zweckorientiertes Führungsverhalten den Zielen und der Haltung des Coaching entgegen. Deutlich wird hier, dass die durch FELL formulierte Auffassung von Führung nahezu deckungsgleich mit der Haltung des Vorgesetzten ist, die bei einem Coaching erwartet wird. Statt Führungs*verhalten* wird hier explizit von Führungs*handeln* gesprochen, da Handeln immer eine aktive Entscheidung – und damit auch eine Wertentscheidung – beinhaltet, während Verhalten eher reaktiv ist.[389] Um in BUBERS Begrifflichkeit zu bleiben, könnte man dem Füh-

---

[387] Vgl. FELL (1993), 114f.

[388] FELL (1993), 114. Es sei darauf verwiesen, dass in der Pädagogik durchaus auch von diesem ganzheitlichen Verständnis abweichende Meinungen vertreten werden, beispielsweise durch VON CUBE. Er postuliert, pädagogisches Handeln sei ein Prozess, bei welchem die „Adressaten unter ständiger Korrektur zu einem gegebenen Erziehungsziel oder Ausbildungsziel gesteuert werden." (VON CUBE (2002), 59.) In seinem im Wissenschaftsverständnis des kritischen Rationalismus beheimateten Gedankengebäude ist generell das Setzen von Erziehungszielen als außerhalb der wissenschaftlichen Aussagemöglichkeit zu betrachten und damit auch nicht Angelegenheit der Pädagogik, welche lediglich für die Umsetzung zu sorgen hat.

[389] Vgl. FELL (1993), 115.

rungsverhalten das Ich-Es-Grundwort zuordnen, während das Führungshandeln ein wechselseitiges Handeln von Führungskraft und Geführtem ist und eher dem Ich-Du-Grundwort entspricht. Coaching der Mitarbeiter durch die Führungskraft entpuppt sich damit im Wesentlichen als eine neue Verpackung von bereits seit langem in der Pädagogik bekannten Tatsachen. Dies wird insbesondere dann deutlich, wenn man sich den von FELL zusammengestellten Katalog der pädagogischen Handlungsfelder betrieblicher Führungskräfte vergegenwärtigt. Hier werden u.a. benannt: Beratung von Mitarbeitern, Ermutigung von Mitarbeitern, Förderung und Entwicklung selbständigen und eigenverantwortlichen Mitarbeiterdenkens und Mitarbeiterhandelns, Befähigung der Mitarbeiter zum selbstgesteuerten Lernen, Vertrauensbildung, Vermittlung demokratischer Grundwerte, Entwicklung einer gemeinsamen Zielfindung, Einordnung von Tätigkeitssegmenten in einen betrieblichen Gesamtzusammenhang als Sinnstiftung.[390] Damit kann festgestellt werden, dass die Entwicklung des Coaching als Form der Personalführung durch die Ökonomie im Prinzip eine Übernahme der Ergebnisse der Pädagogik zum Themenbereich Führung ist. Die Problematik dabei bleibt, dass in der Ökonomie das geisteswissenschaftliche Verständnis nicht in ausreichendem Maße vorhanden ist.

Im Ergebnis ist festzuhalten, dass Führungskräfte wohl nicht im Sinn eines (erwachsenenbildnerischen) Coaches der unterstellten Mitarbeiter wirken können.[391] Was jedoch durchaus möglich wäre, ist ein pädagogisch fundiertes Führen, welches auch Elemente des Coaching beinhalten kann. Voraussetzung dafür ist die Bereitschaft, sich auf ein pädagogisches, idealerweise dialogisches Führungsverständnis einzulassen.

3.4 Dialogische Spuren in gegenwärtigen Coachingtheorien

Zum Abschluss des dritten Kapitels soll nun den Spuren des Dialogs in bestehenden Coachingkonzepten nachgegangen werden. Zwar fehlt es grundsätzlich an einem sich explizit auf den Dialog nach BUBER berufenden Coachingansatz, jedoch sind vereinzelt Fragmente des dialogischen Denkens explizit oder implizit erkennbar. Mit dem Aufweis dieser Spuren wird zugleich die Brücke in das Kapitel vier geschlagen, wo der Versuch unter-

---

[390] Vgl. FELL (1993), 117.
[391] Vgl. z.B. SPIES (2004) oder LIPPMANN (2005).

nommen werden soll, Skizzen eines dialogorientierten Coaching darzustellen.

Erwähnenswert ist in diesem Zusammenhang zunächst das Coachingkonzept von LOOSS.[392] LOOSS bringt – seines Zeichens Ökonom und Pädagoge – als einer der wenigen Autoren im Coachingbereich eine pädagogische Sichtweise mit in sein Konzept ein. Dies geschieht allerdings mit der Einschränkung, dass er sein Coachingkonzept nicht mehr als Coaching, sondern nur noch als Beratung bezeichnet, um der inflationären Verwendung des Wortes Coaching zu entgehen. Nach seinen Überlegungen beruht Coaching „auf dem Lernpotenzial, das die dialogische Situation auf der Basis einer neutralen und klar vereinbarten Beziehung bereitstellt."[393] Für LOOSS sind im Coaching somit zwei Dinge wichtig: Zum Ersten, dass es sich beim Coaching um eine neutrale, also auf Gleichrangigkeit beruhende, und um eine extra zu diesem Zweck geschaffene Beziehung handelt. LOOSS spricht daher auch von einer künstlich hergestellten, zweckorientierten und nicht in das Leben des Klienten integrierten Arbeitsbeziehung.[394] Zum Zweiten sieht LOOSS Coaching nicht nur als den bloßen Vollzug einer Dienstleistung an einer anderen Person an, sondern als einen Dialog zweier möglichst gleichgestellter Personen. Damit kommt seine Haltung in der Beratung dem, was bei BUBER mit dem Ich-Du-Grundwort bezeichnet wird, schon recht nahe. Jedoch kann man die Einschätzung LOOSS', dass diese Beziehungsform vor Einführung des Coaching unbekannt war, so nicht gelten lassen, da die Dialogik seit langem genau diese Beziehungsform beschreibt und für pädagogisches Handeln fordert. Im Unterschied zu BUBERS Auffassung von Dialog und dem Gelingen einer dialogischen Beziehung, ist LOOSS hingegen der Meinung, dass eine vertrauensvolle und freundschaftliche Beziehung nicht nur durch ,Gnade', sondern auch auf der Grundlage einer vertraglich getroffenen Vereinbarung zu Stande kommen kann.

Eine weitere Autorin, die im Zusammenhang mit Coaching den Dialog erwähnt, ist SCHREYÖGG. Sie bezeichnet Coaching als „qualifizierte Dialogform für berufliche Zusammenhänge"[395]. Zu ihrem Dialogverständnis und den daraus zu ziehenden Konsequenzen sei auf den Abschnitt 1.2.4.4 verwiesen. Besonders wichtig erscheint ihr Hinweis, dass Coaching im Dialog

---

[392] LOOSS (1997).
[393] RAUEN (2001), 103.
[394] Vgl. RAUEN (2001), 103.
[395] SCHREYÖGG (2003), 67.

eine Erweiterung der Deutungs- und Handlungsmuster auf *beiden* Seiten – sowohl der des Coaches als auch der des Teilnehmers – hervorrufen kann. Nicht direkt im Bezug auf Coaching, aber doch zum Einsatz des Dialogs in Unternehmen bei dem Coaching ähnlichen Situationen, äußert sich EHMER.[396] In ihrem Artikel erläutert sie die von einer qualitativen Studie begleitete Einführung des Dialogs in zwei Unternehmen im Rahmen von Meetings. Begründet wird der von ihr vorgestellte Dialogansatz allerdings nicht mittels der jüdisch-deutschen Dialogik sondern vornehmlich über die jüngere angelsächsische Ausformung. So stellt sie fest: „Dialog ist eine von dem Quantenphysiker *David Bohm* [...] wiederentdeckte und weiterentwickelte Gesprächsform."[397] In der von EHMER mit einem qualitativen Forschungsansatz begleiteten Einführung von dialogischem Arbeiten lehnte man sich stark an die Ergebnisse der Dialogforschung am M.I.T. an, wie sie auch bei HARTKEMEYER u.a.[398] beschrieben werden. Hier zeigte sich, dass die Einführung von fundiert angeleitetem dialogischen Handeln im Unternehmen dazu geeignet ist „die komplexeren Zusammenhänge in Organisationen handhaben zu können"[399]. Obwohl es sich hierbei nicht um Coaching handelt, sind die Ausführungen von EHMER erwähnenswert, da die Dialogik in Deutschland bisher noch kaum im betrieblichen Kontext mit einer empirischen universitären Begleitforschung eingesetzt wurde. Zudem ist der Einsatz des Dialogs mit dem Ziel der Veränderung der Unternehmenskultur dem Ziel eines dialogorientierten Coaching nicht unähnlich, da in beiden Fällen eine „von Partnerschaftlichkeit, Wertschätzung, Bewusstsein und Kommunikation geprägte"[400] Unternehmenskultur vorhanden ist bzw. angestrebt wird. Der Gewinn einer solchen intensivierten Kommunikation liegt nach EHMER darin, dass ein breiteres Spektrum von Erkenntnissen gewonnen wird und damit die Qualität der Entscheidungen verbessert werden kann. „Zudem wird erfahrbar, dass Meinungsunterschiede nicht bedrohlich, sondern bereichernd sein können. [..] Im Spielraum von Begegnung, Selbstorganisation und Mitverantwortung entsteht hier Kreativität und Innovation."[401] Diese Aussagen könnten durchaus auch für die Ziele eines dialogorientierten Coaching stehen.

---

[396] EHMER (2004).
[397] EHMER (2004), 330, Textauszeichnungen im Original.
[398] HARTKEMEYER u.a. (2001).
[399] EHMER (2004), 331.
[400] EHMER (2004), 333.
[401] EHMER (2004), 334.

4   Grundzüge eines dialogorientierten Coaching in der Erwachsenenbildung

Da bisher noch nicht der Versuch unternommen wurde, Coaching explizit im Sinn einer dialogischen Erwachsenenbildung auszurichten, soll diese Lücke nun ansatzweise geschlossen werden. Daher sollen nun einzelne Aspekte eines dialogorientierten Coaching herausgegriffen werden. Es gilt aufzuzeigen, dass die Erwachsenenbildung hier bereits Erkenntnisse bereitstellt, welche nur deshalb nicht im Coaching zur Geltung kommen, weil Coaching auf breiter Front (noch) nicht als Domäne der Erwachsenenbildung wahrgenommen wird. Ein erster Schritt bei der Entwicklung eines dialogorientierten und den Ansprüchen der Erwachsenenbildung genügenden Coaching ist, den Dialog näher zu betrachten und herauszuarbeiten, welche Elemente für einen Dialog im Coaching konstitutiv sind und was unter Dialog im Coaching verstanden werden kann.

4.1   Konstitutive Elemente und Ziele des Dialogs im pädagogischen Kontext

Wenn von Dialog die Rede ist, ist grundsätzlich zu unterscheiden, um welche Art Dialog es sich handelt. Dialoge können entweder zufällig entstehen[402] oder aber bewusst herbeigeführt und gestaltet werden. Bei bewusst herbeigeführten und gestalteten Dialogen ist danach zu unterscheiden, ob es sich um einen Dialog handelt, zu dem ein Thema oder ein Ziel vorgegeben ist, oder um einen freien Dialog, ohne thematische und finale Eingrenzung. Folgt man der Darstellung bei HARTKEMEYER u.a., hat der nicht-zielgerichtete Dialog insbesondere die Aufgabe, das dialogische Sprechen einzuüben, „sich bewusst zu werden, *wie* wir miteinander mit unseren Gedanken und Gefühlen umgehen."[403] Diese Form des Dialogs wird hier auch als generativ bezeichnet, während der zielgerichtete Dialog strategisch genannt wird. Im Überblick sind die Dialogarten mit ihren jeweiligen Charakteristika in der folgenden Abbildung 7 dargestellt:

---

[402] Insbesondere in seinen autobiografischen Notizen ‚Begegnung' berichtet BUBER mehrmals von sich mehr oder minder zufällig ergebenden Gesprächen mit dialogischer Qualität. Vgl. BUBER (1978).

[403] HARTKEMEYER u.a. (2001), 43. Textauszeichnungen im Original.

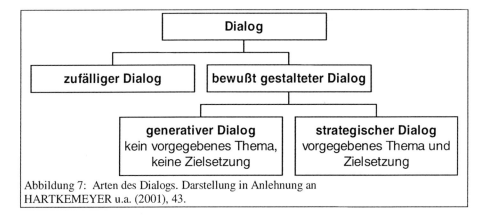

Abbildung 7: Arten des Dialogs. Darstellung in Anlehnung an HARTKEMEYER u.a. (2001), 43.

Wenn hier nun die Möglichkeit des Dialogs im Rahmen pädagogischer Maßnahmen, wie beispielsweise dem Coaching, besprochen werden soll, so handelt es sich um die Form des strategischen Dialogs, der mehr oder weniger stark vorgegebene Themen und explizite Zielsetzungen (vgl. Abschnitt 1.2.1) kennt. [404] Dabei gibt es konstitutive Elemente, die einen Dialog auszeichnen. Daraus sind Fähigkeiten ableitbar, welche die am Dialog Beteiligten beherrschen sollten, um das Entstehen eines Dialogs zu begünstigen. Die Merkmale, welche ein echtes Gespräch auszeichnen, stellt BUBER knapp umrissen in seinem Werk ‚Elemente des Zwischenmenschlichen' dar. BUBER nennt im Wesentlichen drei Merkmale:[405]

1. Die Hinwendung zum Partner in aller Wahrheit.

Die am Dialog Beteiligten nehmen sich nicht nur wahr sondern nehmen sich wechselseitig als Partner, als Personen an, sie akzeptieren sich. Die Akzeptanz der Person ist aber nicht mit der unbedingten Billigung der Aussagen des Partners gleich zu setzen.

2. In ein echtes Gespräch muss sich jeder der Beteiligten einbringen.

Damit stellt BUBER klar, dass alle Beteiligten Willens sein müssen, jeweils zu sagen, was sie zu dem besprochenen Gegenstand im Sinn haben, ohne etwas zurückzuhalten.

---

[404] Dass dennoch ein echter Dialog nur angestrebt, aber nicht erzwungen werden kann, versteht sich beispielsweise aus dem in Abschnitt 2.2.2.2 Gesagten. Dazu auch BUBER: „Ein echtes Gespräch kann man nicht vordisponieren." BUBER (1962), 296.

[405] Vgl. BUBER (1962), 293-298.

3. Im echten Gespräch muss der Schein überwunden werden. „In wem auch noch in der Atmosphäre des echten Gesprächs der Gedanke an die eigene Wirkung als Sprecher des von ihm zu Sprechenden waltet, der wirkt als Zerstörer."[406] Die Gefahr, sich dazu verführen zu lassen, den ‚Schein statt des Seins' beim Sprechen aufscheinen zu lassen, ist insbesondere dann gegeben, wenn Unbeteiligte, gewissermaßen bloße Zuhörer, beim Gespräch anwesend sind, und die aktiven Gesprächsteilnehmer versuchen, sich vor diesen Personen zu profilieren.

HARTKEMEYER u.a.[407], die sich mit dem Einsatz des Dialogs u.a. auch im Zusammenhang mit Anwendungen im Bereich der Wirtschaft beschäftigen, stellen einen Katalog von zehn Kernfähigkeiten für Teilnehmer an dialogischen Prozessen auf. Im Prinzip sind diese für den Dialog als notwendig postulierten Fähigkeiten Ausformulierungen der von BUBER beschriebenen Merkmale echter Gespräche auf der operativen Ebene, auch wenn sich HARTKEMEYER u.a. mehr auf BOHM denn auf BUBER beziehen. HARTKEMEYER u.a. stellen den Dialog bewusst so dar, dass auch auf die Belange eines Einsatzes des Dialogs in verschiedenen Situationen bei (wirtschaftlichen) Organisationen eingegangen wird. Die folgenden Kernfähigkeiten der Dialogbeteiligten gelten auch für dialogisches Coaching, wobei die Fähigkeiten vor allem beim Coach aber auch bei dem oder den zu Coachenden in Ansätzen vorhanden sein müssen. Durch die Anwendung des dialogorientierten Coaching können diese Fähigkeiten weiter entwickelt werden. Als Kernfähigkeiten werden von HARTKEMEYER u.a. genannt:[408]

1. Die Haltung eines Lerners verkörpern
    Zurecht wird darauf hingewiesen, dass in der westlichen Kultur die Haltung des Lernenden oft als vermeintliche Schwäche interpretiert wird. Dialogische Begegnung erfordert aber die Bereitschaft und Offenheit, sich als voneinander Lernende zu begegnen – dies bedeutet auch für den Erwachsenenbildner, sich zeitweise in die Rolle des Lernenden zu begeben, um damit einen Dialog erst zu ermöglichen.

2. Radikaler Respekt
    Die Anerkennung des Dialogpartners als Person in ihrem Wesen ist zwingend notwendig für einen gelingenden Dialog. ‚Radikaler Respekt'

---

[406] BUBER (1962), 294.
[407] HARTKEMEYER u.a. (2001). Die 10 genannten Punkte decken sich auch weitgehend mit PÖHLMANN (1986), 14f.
[408] Zu den aufgeführten 10 Grundfähigkeiten vgl. HARTKEMEYER u.a. (2001), 78-95.

geht dabei über die eher passive Toleranz hinaus und ist aktiver. Respekt geht so weit, zu versuchen, sich in den anderen hineinzuversetzen, die Welt aus der Perspektive des anderen zu sehen. Im Coaching fällt es dem Coach als Teil seiner Aufgabe zu, dem oder den Klienten die Perspektivenvielfalt der Wirklichkeit aufzuzeigen.

3. Offenheit
Offenheit in dialogischen Prozessen ist mehr als die Bereitschaft, die Rede des Gegenübers anzuhören. Es beinhaltet auch die Forderung, sich von den eigenen Überzeugungen zu lösen, also die Offenheit, im Dialog von den eigenen Vor-Annahmen oder Vor-Urteilen Abstand zu nehmen. Dies – und damit der Dialog – ist nur dann möglich, wenn eine Atmosphäre des Vertrauens herrscht, die Gewähr dafür bietet, „weder körperlich noch emotional, noch psychisch verletzt zu werden. In der Atmosphäre von Diskussion oder Disput gibt es diese Sicherheit nicht."[409] Im dialogorientierten Coaching sollte es aber möglich sein, eine solche angstfreie Atmosphäre herzustellen und zu nutzen.

4. ‚Sprich von Herzen'
Im Dialogprozess ist es dem gemeinsamen Ziel abträglich, wenn versucht wird, um der Aufmerksamkeit Willen oder sogar um andere zu beeinflussen, rhetorisch geschickte Beiträge einzubringen, was BUBER als ‚Schein' bezeichnet. Gerade in einer dialogungewohnten Umgebung ist das offene Sprechen mit Sicherheit schwierig, da man damit ein Stück weit schutzlos wird: Der ‚Schein' als Maske dient ja auch dazu, die Person vor Angriffen anderer zu schützen. Das offene Sprechen, das ja fordert ehrliche und auch den emotionalen Bereich mit einschließende Äußerungen von sich zu geben, wird deshalb nur dann gelingen, wenn eine Vertrauen bildende Offenheit herrscht, welche aber auch wiederum leicht durch das Setzen von Schein zerstört werden kann. Dass Authenzität und damit Übereinstimmung von Sprechen, Denken und Handeln auch im ökonomischen Bereich ein hohes Gut ist und gegenüber unlauterem ‚Taktieren' seine Berechtigung hat, belegt ein Zitat, welches ALFRED HERRHAUSEN zugeschrieben wird: „Wir müssen das, was wir denken, auch sagen, wir müssen das, was wir sagen, auch tun, und

---

[409] HARTKEMEYER u.a. (2001), 79. Auf die Bedeutung des Vertrauens im Coaching – egal ob das Coaching nun auf dialogischer oder anderer Basis stattfindet – wurde an anderer Stelle bereits hingewiesen.

wir müssen das, was wir tun, auch sein."[410] Coaching muss demnach in dem geschützten Raum einer erwachsenenbildnerischen Maßnahme die Möglichkeit bieten, die Einheit von Denken, Sprechen und Handeln bewusst zu leben.

5. Zuhören

Im Gegensatz zum alltäglichen Verständnis ist das Zuhören im Dialog kein rein passiver Vorgang. Ein durch Empathie und teilnehmendes Interesse gekennzeichnetes Zuhören ist aktiv und beinhaltet auch, dass der Zuhörende sich über Wahrnehmungen, Urteile und Annahmen bewusst wird, die er mit dem Gehörten verbindet oder neben den Worten aus der Art und Weise des Sprechens heraushört. Allein die Anwesenheit eines Zuhörers und das Gehörtwerden – also geachtet und anerkannt zu werden – kann helfen, die eigenen Gedanken zu ordnen und sich darüber klar zu werden. Eine Funktion, die in dialogischem Coaching auch durchaus ihre gewichtige Berechtigung hat, da das unbedingte Zuhören eine Erfahrung ist, welche im Alltag des Berufslebens nicht allzu oft möglich ist. Wenn BÖNING erwähnt, dass der Coach die Aufgabe hat, die eigene Wahrnehmung, das Verhalten und das Kommunikationsgebaren dem Coachingteilnehmer bewusst zu machen[411], ist dies ein durch aktives Zuhören hervorragend zu bewältigender Auftrag.

6. Verlangsamung

Kommunikationsprozesse werden im Dialog verlangsamt, schon allein dadurch, dass – auch in einer Gruppe – die Teilnehmer nacheinander sprechen und damit keine parallele Kommunikation stattfinden kann. Gerade im Coaching kann eine Verlangsamung bewusst einen Gegenpunkt zur sonst allgemein gewünschten Beschleunigung der Kommunikation setzen, indem sich der Teilnehmer so lange zum Sprechen Zeit nehmen kann, wie er braucht.[412]

7. Annahmen und Bewertungen ‚suspendieren'

Damit Menschen sich in der Welt zurechtfinden, ohne jede Situation und Aufgabe bei ihrem Auftreten neu durchdenken zu müssen, bilden sie Annahmen und Programme aus, welche mehr oder minder automatisiert

---

[410] ALFRED HERRHAUSEN (* 30. Januar 1930 in Essen; † 30. November 1989 in Bad Homburg vor der Höhe, vermutlich ermordet durch die RAF) war Vorstandssprecher der Deutschen Bank.

[411] Vgl. BÖNING (2002), 27.

[412] Vgl. HARTKEMEYER u.a. (2001), 84.

ablaufen. Problematisch werden solche Annahmen und Programme dann, wenn man aus den Augen verliert, dass es sich um subjektive Interpretationsfolien handelt und nicht um objektive Wahrheiten. Die Folge sind Missverständnisse und Konflikte. Dialogisches Coaching muss bewusst die Vorannahmen und automatischen Handlungsmuster aufspüren helfen und nötigenfalls ihre Überwindung befördern.

8. Produktives Plädieren

Gegenseitiges Lernen und Verstehen wird im Dialog durch das produktive Plädieren ermöglicht. Produktives Plädieren heißt, nicht wie bei Diskussion und Debatte die Argumente des Für und Wider auszutauschen mit dem Ziel, die gewichtigeren Argumente zu finden, sondern sämtliche Annahmen, Ansichten und Folgerungen gleichberechtigt und gleichgewichtig nebeneinander stehen zu lassen. Mit dem Plädieren wird es möglich, verschiedene Perspektiven, die durch verschiedene Annahmen und mentale Modelle der Beteiligten zu Stande kommen, zusammen zu sehen und damit ein besseres Bild des gesamten verhandelten Komplexes zu bekommen. In einem dialogorientierten Coaching fällt dem Coach die Aufgabe zu, in diesem Sinne als Katalysator zu wirken und das Plädieren zu fördern bzw. auch mögliche Annahmen und Ansichten anderer Personen in den Prozess mit einzubringen.

9. Eine erkundende Haltung üben

Der Dialog lebt nicht nur vom ‚Sagen' sondern vor allem auch vom ‚Fragen'. Kulturell bedingt gelten Fragen oft als Zeichen der Schwäche. Im Dialog ist es demgegenüber notwendig, die Rolle des Wissenden aufzugeben und die Rolle des Fragenden anzunehmen. Neben dem aktiven Zuhören ist dies auch ein Hilfsmittel dafür, dem Sprechenden dazu zu verhelfen, sich selbst über Vorannahmen, Deutungen und Sachverhalte klar zu werden. Selbstredend ist im Dialog die offene und ehrlich gemeinte Frage erwünscht, während die als Stilmittel oder verschleierte Behauptung gebrauchte rhetorische Frage nicht zielführend ist. Fragen sollen dann gestellt werden, wenn es dem Fragenden darum geht, ernstlich etwas wissen zu wollen, beispielsweise aus dem Bedürfnis heraus, etwas wirklich zu verstehen. Im Coaching ist das Fragen eine allgemein anerkannte Form der Gesprächsführung, welche nicht nur bei der dialogisch akzentuierten Form des Coaching zur Anwendung kommt.

10. Den Beobachter beobachten

Insbesondere im Berufsleben ist man zumeist darauf festgelegt, lediglich die harten Fakten, das besprochene Thema, also die vermeintlich objektiven Sachverhalte im Vordergrund zu sehen. Tatsächlich sind diese objektiven Sachverhalte zumeist aber nichts anderes als subjektive Überzeugungen. Menschen reagieren bisweilen wie existenziell angegriffen, wenn ihre Überzeugungen in Frage gestellt werden. Im Dialog geht es vor allem darum, den „Überzeugungen und Haltungen auf den Grund zu gehen, die unterschwellig unsere Interaktionen und Handlungen bestimmen."[413] Dazu ist es notwendig, dass sich die Dialogpartner beobachten, wie sie aufeinander bzw. auf bestimmte Aussagen reagieren, weil dadurch möglicherweise mehr ausgedrückt wird, als durch die rein verbalen Äußerungen. Im Dialog und damit auch im dialogorientierten Coaching soll Raum für die gegenseitige Wahrnehmung sein und sie auch gefördert werden. Wenn HARTKEMEYER u.a. feststellen, dass das gemeinsame Einüben des Dialogs den Gruppenzusammenhalt stärkt und das gemeinsame Denken statt des Durchsetzens und Verteidigens eigener Ansichten fördert[414], ist ein interessanter Ansatzpunkt für das Coaching von Arbeitsgruppen gegeben, da genau diese Ziele auch in der betrieblichen Organisationsentwicklung erwünschte Zielsetzungen sind, wie sie auch im Abschnitt 1.2.1 dargelegt wurden.

Mit dem Einsatz der Dialogik in einem Coaching nach erwachsenenbildnerischen Gesichtspunkten werden naturgemäß pädagogische Ziele verfolgt. Daher muss an dieser Stelle auf ein vermeintliches Zielparadoxon hingewiesen werden, dem sich nicht nur die Dialogik, sondern auch andere aktuelle erwachsenendidaktische Vorschläge zu stellen haben und welches PETERSEN[415] aufdeckt und bespricht. So verfolgen die ‚Subjektivitätsfördernde Erwachsenenbildung' MEUELERS ebenso wie die ‚Konstruktivistische Erwachsenenbildung' ARNOLDS und SIEBERTS und die ‚Didaktik organisationalen Lernens' GEIßLERS sowohl das Ziel, mit dem Lehren aufzuhören als auch das Ziel, das Lehren zu optimieren. Auch eine dialogische Erwachsenenbildung und ein dialogorientiertes Coaching tragen beide Zielrichtungen in sich. Lernen und Bildung besteht zwar immer noch aus der Vermittlung von fachlichem und überfachlichem Wissen, jedoch soll Lernen und Bildung im Bereich der Erwachsenen „in zunehmendem Maße selbstorganisiert und in eigener Verantwortung der Subjekte"[416] erfolgen. Dies kann am ehesten mittels „*offener* und sich *dialogisch konstituierender didaktischer*

---

[413] HARTKEMEYER u.a. (2001), 94.
[414] Vgl. HARTKEMEYER u.a. (2001), 94.
[415] PETERSEN (2003).
[416] PETERSEN (2003), 328.

Arrangements ermöglicht werden."[417] Aber auch wenn die traditionellen Positionen des Lehrers und Lerners weitgehend aufgegeben werden, das Ziel bleibt dennoch die Optimierung der Vermittlung, die gerade darin gesehen wird, die Selbsttätigkeit des Subjekts zu befördern. Für den in der Erwachsenenbildung Tätigen, im Coaching also für den Coach, steht, neben dem weiterhin wichtigen Fachwissen auch „die Fähigkeit zum selbständigen Umgang bzw. zur Konstruktion und Reinterpretation solchen Wissens im Vordergrund, welche letztendlich auch erst [...] die Voraussetzung für den Dialog mit dem Co-Subjekt"[418] darstellt. Der Erwachsenenbildner übernimmt dabei *gemeinsam* mit den Teilnehmern die Aufgabe, Wissen zu erschließen, es arbeitsteilig zu erwerben und damit Probleme selbständig zu lösen.[419] Der Einsatz der dialogischen Ansätze und entsprechender Methoden erfolgt jedoch nicht aus Selbstzweck, sondern deshalb, weil es sich dabei um eine besonders erwachsenengemäße und einer demokratischen Gesellschaft angemessene Form der pädagogischen Arbeit handelt, die auch einen möglichst hohen Vermittlungserfolg verspricht: Erfahrungsgemäß besitzen selbsttätig erarbeitete Inhalte und Problemlösungen eine wesentlich höhere Praxisrelevanz und eine höhere Nachhaltigkeit als von außen vorgegebene Inhalte.

Allerdings muss in diesem Zusammenhang auch auf einen möglichen Widerstand hingewiesen werden, der Coaching allgemein und dialogisches Coaching im Besonderen betrifft: Erwachsene weisen im Gegensatz zu jüngeren Lernern in mehreren Aspekten andere Eigenschaften auf. Eines dieser Merkmale ist, dass Erwachsene über langjährige Lernerfahrungen im Sinne einer Lernbiografie verfügen. Und „Lernen ist für viele Erwachsene [wegen ihrer Erfahrungen in der Schul- und Ausbildungszeit m.h.] gleichbedeutend mit Zuhören oder Lesen oder Memorieren."[420] Wenn nun ein Erwachsenenbildner „Inhalte von den Teilnehmern selbsttätig erarbeiten und dann diskutieren lässt, anstatt sie aus der Expertenwarte vorzutragen, erscheint diese Anforderung manchen Teilnehmern ungewohnt. Sie entwickeln dann Widerstände und verlangen ein Lernen ‚von vorne', wie sie es aus der Schule kennen."[421] Der Erwachsenenbildner hat daher die Aufgabe, Instrumente wie das Coaching behutsam einzusetzen und die Teilnehmer allmählich an selbstge-

---

[417] PETERSEN (2003), 328. Textauszeichnungen im Original.
[418] PETERSEN (2003), 328. Textauszeichnungen nicht übernommen
[419] Vgl. ARNOLD (1996b) zit. nach PETERSEN (2003), 329.
[420] GEIßLER, K.A. (2001), 405.
[421] GEIßLER, K.A. (2001), 405.

steuertes Lernen heranzuführen. Dialogisches Coaching kann in einem solchen Prozess des Heranführens eher am Ende denn am Anfang stehen, da auch in der Erwachsenenbildung bisher überwiegend stoff- und dozentenorientierte Interaktionsformen eingesetzt wurden, was dazu führte, dass selten „Erfahrungen erfragt, ausgetauscht und geprüft werden".[422] Coaching in dialogischer Form bietet die Chance, die Dominanz des Erwachsenenbildners in einer Arbeitsgruppe gezielt aufzubrechen und auch dem Erwachsenenbildner zu ermöglichen, von den Teilnehmern zu lernen.[423]

4.2   Besonderheiten eines dialogorientierten Coaching

Nachdem die Ziele und Grundelemente des Dialogs im Coaching erläutert wurden, sollen nun die Besonderheiten eines dialogorientierten Coachingkonzepts erarbeitet werden. Dazu ist vorweg zu klären, welche Elemente in einem Coachingkonzept üblicherweise besprochen werden müssen, und wie diese Bestandteile unter der Sichtweise einer spezifisch dialogischen Erwachsenenbildung auszugestalten wären. Mit dialogorientiertem Coaching sind dabei sowohl das Einzelcoaching als auch das Coaching einer Gruppe gemeint. Auf Abstraktionsebene dieser Arbeit ist es unerheblich, welches Setting tatsächlich zur Anwendung kommt, da beide Arbeitsformen dialogisch gestaltbar sind, und auch BUBER hat das echte Gespräch nicht anhand der Anzahl der beteiligten Personen definiert. Wesentliches Bildungsziel des dialogorientierten Coaching ist in jedem Fall das (wieder)anbinden der Beteiligten an die menschliche Gemeinschaft.[424]

4.2.1   Elemente eines dialogorientierten Coachingkonzepts

Orientiert man sich an den verschiedenen Veröffentlichungen zu Coachingkonzepten, so stellt man fest, dass immer wieder die gleichen Themen besprochen werden. SCHREYÖGG[425] nennt hier Funktionen, Anlässe, Themen und Ziele von Coaching, die Anforderungen an den Coach, den Coachingprozess sowie die einsetzbaren Methoden. RAUEN[426] untersucht Coaching-

---

[422] GEIßLER, K.A. (2001), 406.
[423] Vgl. GEIßLER, K.A. (2001), 406.
[424] Vgl. dazu die Ausführungen in Abschnitt 2.2.3.2.
[425] SCHREYÖGG (2003).
[426] RAUEN (2001).

konzepte u.a. nach den verwendeten Methoden, dem Prozess, den Zielen und den Qualifikationsanforderungen an den Coach. Dementsprechend muss auch ein dialogorientiertes Coachingkonzept wenigstens Aussagen zu einigen der genannten Elemente treffen. Da auch ein dialogorientiertes Coaching im Sinne der Erwachsenenbildung gemäß der unter 2.3.2 gegebenen Definition als Maßnahme primär in der beruflichen Sphäre betrachtet werden soll, bedarf es zu den Themen und Zielstellungen, die im Coaching verhandelt bzw. erreicht werden sollen, keiner gesonderten Festlegung; hier gelten selbstverständlich die Anforderungen, welche an ein jedes Coaching im Sinne der Erwachsenenbildung zu stellen sind. Auch die Anwendungsfelder Personal- und Organisationsentwicklung widersprechen – mit Beachtung der in Abschnitt 2.2.3.6 dargelegten Überleitung – nicht einer dialogischen Orientierung. Relevant erscheint es jedoch, für ein dialogorientiertes Coachingkonzept die Bereiche Anlässe für Coaching, Coachingprozess und Methoden zu behandeln. Zudem sollte ein dialogorientiertes Coaching dadurch ausgezeichnet sein, dass ein hoher ethischer Standard eingehalten wird. Die Besprechung der Anforderungen an den Coach kann an dieser Stelle nicht geleistet werden. Hier sei auf die Fülle der existierenden Schriften zum Selbstverständnis und zum Berufsbild des Erwachsenenbildners verwiesen.

4.2.2 Anlässe für Coaching: Die Krise als Ausgangspunkt

In BUBERS Konzeption einer dialogischen Pädagogik ist die Krise das wesentliche Motiv, welches Bildungsprozesse auslöst und die Überwindung der Krise das wesentliche Ziel der Bildungsinterventionen. Dabei ergibt sich eine Parallele zu Begründungen betrieblicher Weiterbildung, zu bekannten Coachingkonzepten und zur aktuellen Diskussion: So begründet WITTWER die Weiterbildung in Unternehmen damit, dass sie „für die Unternehmen ein Instrument zur Bewältigung von wirtschaftlichen, strukturellen und organisatorischen Krisen"[427] ist. SCHREYÖGG arbeitet heraus, dass als Anlässe für Coaching individuelle und kollektive Krisen sowie die Suche nach individuellen und kollektiven Verbesserungen in Frage kommen.[428] In der Ausgabe 1/2005 der Fachzeitschrift ‚Organisationsberatung Supervision Coaching (OSC)' wird als Titelschwerpunkt ‚Krisenintervention in Supervision und Coaching' mit mehreren Schwerpunktbeiträgen zum Coaching in krisenhaf-

---

[427] WITTWER (2003), 105.
[428] Vgl. SCHREYÖGG (2003), 76-106.

ten beruflichen Situationen behandelt, und DIETZ beschäftigt sich in seinem Artikel „Was tun wenn die Krise kommt?"[429] mit möglichen Ansatzpunkten in einem gestalttherapeutisch ausgerichteten Coaching in Krisensituationen. Unabhängig vom Bereich der Weiterbildung und des Coaching mehren sich in der aktuellen ökonomischen Diskussion die Stimmen, welche von einer momentanen Phase des krisenhaften Umbruchs des Kapitalismus sprechen, ausgelöst vor allem durch zunehmende globale Verflechtungen, die Entwicklungen bedingen, welche bisher völlig unbekannt waren.[430] Die Krise ist also auch heute ein aktueller Begriff, und die von SCHREYÖGG als zweiter Anlass für Coaching genannte Suche nach Verbesserungen ist im Prinzip nichts anderes als eine weitere Form einer Krise, denn das Erkennen der Notwendigkeit von Verbesserungen ist eine Entscheidungssituation, mithin eine Krise. Coaching ist dabei allerdings nicht für jede Form der Krise geeignet. Die Reichweite von Coachingmaßnahmen ist sowohl hinsichtlich der Krisenintensität als auch der Fristigkeit im mittleren Bereich anzusiedeln. Während wenig ausgeprägte und kurzfristige Krisen beispielsweise über den Aufbau einzelner Kompetenzen gemeistert werden können, sind strategische Unternehmenskrisen oder tiefgründige Persönlichkeitskrisen nicht mehr mit pädagogischen Maßnahmen zu bewältigen. Hier ist dann entweder eine komplette Neuausrichtung der Organisation oder aber ein therapeutischer Eingriff beim Individuum notwendig. Dialogorientiertes Coaching kann bei individuellen und gemeinschaftlichen Krisenerfahrungen ansetzen, die zwischen diesen Extremen liegen.[431] Dies ist dann der Fall, wenn komplexe Kompetenzen auszubilden sind oder Maßnahmen der Organisationsentwicklung mit begrenzter, nicht organisationsexistenzieller Bedeutung angezielt werden. Die Besonderheit und die einzigartige Chance des dialogischen Coaching liegt nun darin, die Lösung der Krise nicht, wie beispielsweise in idealistischer Tradition, lediglich durch Vernunft, oder wie in empiristischer Tradition, durch objektive Erkenntnis, zu versuchen, sondern in der Wiederherstellung gestörter Beziehungen der Subjekte untereinander und der Subjekte zu einem transzendentalen Sinn. Bei aller hier notwendigen Subjektivi-

---

[429] DIETZ (2005).
[430] Vgl. hierzu die Aussagen MALIKS (Vgl. FIEDLER-WINTER (2004), 29) oder VON OETINGERS (Vgl. GRAUEL (2004), 62ff.).
[431] BUBERS umfassender philosophisch geprägter Krisenbegriff einer den Menschen radikal (=an der Wurzel der Existenz!) in Frage stellenden Situation kann hier nicht völlig deckungsgleich in die Pädagogik bzw. berufliche Weiterbildung übernommen werden, gibt aber wertvolle Anregungen.

tät verhindert das gemeinsame Medium Sprache im Sprechen und Anhören das Abgleiten in solipsistische Positionen.[432]

4.2.3 Der Coachingprozess

In nahezu sämtlichen veröffentlichten Konzepten zum Coaching wird betont, dass es sich dabei um einen Prozess handelt. Damit ist ausgesagt, dass es sich nicht um eine einmalige, kurzfristige und damit abgeschlossene Maßnahme handeln kann, sondern um eine Abfolge verschiedener Schritte auf ein Ziel hin. Prozesscharakter heißt auch, dass die Lösung nicht vom Coach vorgegeben wird, sondern von den Beteiligten gemeinsam erarbeitet werden muss. Dies ist in einem dialogischen Coaching nicht anders. In der folgenden Abbildung 8 wird daher der schematische Ablauf eines Coachingprozesses, wie er auch für ein dialogorientiertes Coaching gelten kann, dargestellt. Der Ablauf im Detail und die konkreten Inhalte des Coachingprozesses insbesondere in den Phasen Klärung der Ausgangssituation, Zielbestimmung und Lösungserarbeitung werden dabei wesentlich von dem oder den Teilnehmer/n und seinem/ihrem beruflichen Arbeitsumfeld bestimmt, denn eine dialogische bzw. dialogfördernde Erwachsenenbildung orientiert sich an den didaktischen Prinzipien der Subjektorientierung, Teilnehmerorientierung, Ganzheitlichkeit und Handlungs- und Aufgabenorientierung.[433]

---

[432] Vgl. hierzu die Ausführungen in Kapitel 2.2.2.1.
[433] Vgl. PETERSEN (2003), 328.

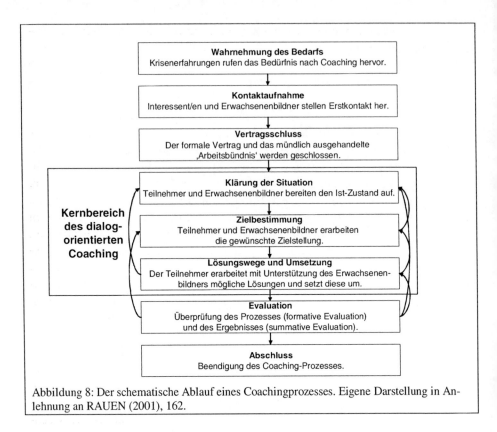

Abbildung 8: Der schematische Ablauf eines Coachingprozesses. Eigene Darstellung in Anlehnung an RAUEN (2001), 162.

Den Kernbereich der dialogischen Arbeit stellen die Phasen Klärung der Situation, Zielbestimmung und das Finden von Lösungswegen und deren Umsetzung dar. Hier kommen die Elemente des Dialogs wie in 4.1 beschrieben zur Anwendung, unterstützt durch geeignete Methoden. Insbesondere in der Phase der Situationsklärung ist es Aufgabe des Erwachsenenbildners in seiner Rolle als Berater, zunächst auch zuzuhören und zu lernen. Die Phase der Zielbestimmung ist gerade in einem Coaching im Aufgabenbereich der betrieblichen Weiterbildung in möglichst großer Ausgewogenheit zwischen organisationalen und persönlichen Zielen des/der Teilnehmer/s zu gestalten. Möglicherweise kommt es hier beim Erwachsenenbildner zu einem Intrarollenkonflikt, da der Erwachsenenbildner sich einerseits von seinem dialogischen Ethos her dem Teilnehmer verpflichtet fühlt, andererseits aber von der Organisation mit der Wahrnehmung ihrer Interessen beauftragt wurde und dafür auch entlohnt wird. Die Beziehung zwischen Erwachsenenbildner und

Coachingteilnehmer gehorcht im dialogorientierten Coaching den in Abschnitt 2.2.2.2 genannten Prinzipien dialogischer Beziehungen. Dies schließt auch ein, dass der Coachingprozess scheitern kann, wenn die Aufnahme einer dialogischen Beziehung nicht gelingt, bzw. bei einem Gruppencoaching keine Atmosphäre eines echten Dialogs entsteht.

Der Coachingprozess muss nicht zwingend linear verlaufen, es können sich im fortschreitenden Verlauf durchaus Sachverhalte ergeben, die einen Rücksprung in eine frühere Phase notwendig machen. Die dialogisch geprägten Phasen sind insgesamt durch hohe Freiheitsgrade gekennzeichnet. So wird in BUBERS dialogischer Pädagogik die Auffassung abgelehnt, dass Erziehung oder Bildung einen „bestimmten, allgemeingültigen Kanon von Werten und Normen, von Wissen und Fertigkeiten kennt"[434], der weitergegeben werden müsse. Dies entspricht auch der in Abschnitt 2.2.3.5 dargelegten Ablehnung eines bestimmten Weltbildes und dem Ziel, jede Situation als einmalige gegenwartshafte Entscheidung zu bewältigen und dabei offen für einen Aufbau dialogischer Ich-Du-Beziehungen zu sein. Die Aufgabe des Erwachsenenbildners liegt nun vielmehr darin, die zur Krisenüberwindung nutzbaren, sich spontan manifestierenden Kräfte der Teilnehmer zu erkennen und zu fördern und die Teilnehmer in *ihren* jeweiligen Möglichkeiten zu bestätigen, um damit eine „Hilfe [...] bei der Menschwerdung"[435] zu leisten. Bedenkenswert erscheint in diesem Zusammenhang die Feststellung SUTERS, dass ‚Hilfe zur Menschwerdung' zwar im Einzelfall eine jeweils begrenzte Aufgabe darstellt, aber insgesamt dennoch einen „weltgestaltenden Charakter"[436] besitzt. Dialogische Bildungsprozesse leben von der Anerkennung der wechselseitigen Beeinflussung von Lehrenden und Lernenden, einer prinzipiellen „Gleichberechtigung der am Lernprozeß Beteiligten. Das schließt eine Führungsfunktion [des Lehrenden m.h.] dann nicht aus, wenn sie im Interesse der Lernenden wahrgenommen wird."[437] Diese Steuerungsfunktion kann insbesondere dann notwendig sein, wenn der Lehrende dialogische Gesprächsphasen moderiert oder das allseitige Betrachten von Sachverhalten

---

[434] SUTER (1986), 307.
[435] SUTER (1986), 307. ‚Bestätigen' ist eine wichtige Vokabel in BUBERS anthropologisch-pädagogischem Denken. Im Gegensatz zum Tier braucht der Mensch, der sich selbst immer wieder in Frage stellt, die Bestätigung durch den Mitmenschen, vgl. auch FELL (1984), 28. Menschwerdung kann nur in der Bestätigung geschehen, und diese ist an das Erleben von Ich-Du-Beziehungen geknüpft.
[436] SUTER (1986), 307.
[437] TIETGENS (1997), 38.

und die Suche nach Ursprüngen im Sinne der genetischen Methode anleitet. Mit Sicherheit ist es aber ein schwieriger Balanceakt, den Dialog anzuleiten und zu gestalten, ohne ihn zu dominieren.
Der Kernbereich des dialogorientierten Coaching wird eingerahmt von einer vorbereitenden und einer abschließenden Gruppe von Phasen. Hier ist jeweils ein Abschnitt besonders erwähnenswert: Zum einen die Phase des sog. Vertragsschlusses und zum anderen die Phase der Evaluation.
Coaching ist im Regelfall eine Dienstleistung, welche entsprechend vergütet wird. Daher wird über die Erbringung dieser Leistung auch ein privatrechtlicher Vertrag zu schließen sein. Regelungsinhalte des Vertrags sind beispielsweise Abmachungen über Anzahl und Dauer der Sitzungen, Räumlichkeiten der Veranstaltungen, Bereitstellung von Materialien und Technik, Verschwiegenheitspflichten, Regelungen über die am Coaching beteiligten Personen (Zielgruppe), aber natürlich auch die Festlegung des Honorars und der Nebenkosten.[438] Dieser formale Vertrag ist aber nur die eine (rechtliche) Seite der Arbeitsbeziehung zwischen Erwachsenenbildner und dem/den Teilnehmer/n. Ebenso bedeutsam ist es, das mündlich ausgehandelte ‚Arbeitsbündnis' zu beachten. Während der formale Vertrag die Rahmenbedingungen regelt, werden in den Absprachen inhaltliche Eckpunkte besprochen. RAUEN[439] nennt als wichtige Punkte, die hier besprochen werden müssen u.a.:

- Kompatibilität der ideologischen Ausrichtung zwischen Coach und Klient.
- Ausmaß der Bereitschaft des Klienten zu Veränderungen.
- Möglichkeiten und Grenzen des Coaches.
- Einigkeit über die Vorgehensweise und die Methoden.
- Erwartungen an das Ergebnis.

Entscheidend ist, dass in den wesentlichen Punkten Einigkeit im Sinn einer wirklichen inneren Übereinstimmung bestehen muss, damit dialogisches Coaching stattfinden kann. Das tatsächliche Gelingen einer dialogischen Beziehung kann aber auch bei völliger sachlicher Übereinstimmung nicht erzwungen werden. BUBER weist zurecht auf die Unverfügbarkeit dieser Beziehung hin und PÖHLMANN verdeutlicht dies mit einer theologisch akzentuierten Argumentation: Im Dialog wird fragmentarisch immer auch

---

[438] Vgl. RAUEN (2001), 167.
[439] Vgl. RAUEN (2001), 168f.

die Sinnfrage behandelt. Die Sinnantwort ist nach Überzeugung der Theologie und Philosophie letztendlich ein dem Menschen unverfügbares Geheimnis, welche nicht allein durch eigene Anstrengung gefunden werden kann, sondern welche sich aus Gnade ergibt. Dementsprechend ist auch das echte dialogische Gespräch nicht durch ein bestimmtes Verhalten erzwingbar, sondern ein Geschenk.[440]

Gegen Ende eines Coachingprozesses sollte – wie in jedem guten Prozess der Erwachsenenbildung – eine Phase der Evaluation vorhanden sein. Insbesondere in der betrieblichen Weiterbildung wird dies oft vom Unternehmen eingefordert, jedoch sollte die Evaluation auch aus Gründen des Respekts gegenüber dem Teilnehmer und aus Eigeninteresse des Erwachsenenbildners durchgeführt werden. Evaluation ist ein Verfahren, dessen Zweck es ist, das Handeln mit dem Ziel der Optimierung des Handelns zu überprüfen und zu bewerten. Es geht im Bereich der Erwachsenenbildung somit vorwiegend darum, was „wir für die Zukunft anders und besser machen können, damit Teilnehmer/-innen [...] optimale Lernumfeldbedingungen antreffen und optimale Lernprozesse in Gang kommen können."[441] Den Ebenen einer Maßnahme der Erwachsenenbildung entsprechen folgende Evaluationsfelder[442], die auch im Coaching vorhanden sind:

1. Evaluation des Kontextes und der Ziele der Bildungsmaßnahme – Stimmen Bedarfsanalyse und Festlegung der Zielsetzung mit der durchgeführten Maßnahme überein?
2. Evaluation des Inputs der Bildungsmaßnahme (Teilnehmer, Erwachsenenbildner, Ressourcen) – Wurden die richtigen/betroffenen Personen mit der Maßnahme erreicht, war die Person des Erwachsenenbildners geeignet und haben die materiellen Ressourcen den benötigten Bedarf gedeckt?
3. Prozessevaluation (Evaluation des Bildungsprozesses im engeren Sinne) – Wie lief der Bildungsprozess ab? Konnte das Ziel einer dialogischen Gestaltung des Coaching erreicht werden?
4. Erfolgskontrolle im sog. Lernfeld – Konnten Veränderungen bei den Teilnehmern während des Coaching im geschützten Raum der Bildungsmaßnahme festgestellt werden?

---

[440] Vgl. hierzu auch Abschnitt 2.2.2.2.
[441] BECKER (2000), 9.
[442] Vgl. GERLICH (1999), 13.

5. Transferevaluation (Erfolgskontrolle im sog. Funktionsfeld) – Konnten Veränderungen bei den Teilnehmern nach dem Coaching im tatsächlichen Arbeitsumfeld festgestellt werden?

Wie jede andere Veranstaltung der Erwachsenenbildung findet auch das Coaching zu einem gewissen Zeitpunkt sein Ende, womit die Phase der Trennung eingeleitet werden muss. Die Beziehungen, für deren Aufbau vorher zu sorgen war, müssen dabei nun wieder gelöst werden, was nach GEIß-LER zu den schwierigsten Aufgaben eines Erwachsenenbildners gehört.[443] Dies gilt insbesondere auch für die intensive, unmittelbare Arbeitsform des Coaching, da hier der Erwachsenenbilder auch persönlich stark von den psychologischen Phänomenen der Trennungsphase betroffen ist.[444] Im dialogischen Coaching heißt Trennung, die Ich-Du-Beziehung zu verlassen, da sie nie von Dauer sein kann, und in das sachliche Ich-Es-Verhältnis zurückzukehren.[445]

4.2.4   Methoden im dialogorientierten Coaching

Erwachsenenbildung bedient sich zur Durchführung ihrer Aufgaben eines Repertoires von Methoden. Durch die geplante und bewusste Anwendung von Methoden kann der Erwachsenenbildner auf den Lehr-Lernprozess gezielt Einfluss nehmen. Diese Einflussnahme ist allerdings nie wertfrei und beliebig: PÖHLMANN weist daher darauf hin, dass Ziele, Inhalte und Methoden als didaktische Entscheidungs- und Gestaltungsfelder untrennbar miteinander verbunden sind. Er stellt fest: „Methoden sind nie zielneutral und nie inhaltsneutral, nie wertneutral."[446] MÜLLER und PAPENKORT gehen hier noch einen Schritt weiter, in dem sie feststellen, dass Methoden sogar den Inhalt bestimmen. Da jede Methode nur einen Ausschnitt der Wirklichkeit präsentieren kann, ermöglichen Methoden auch nur die Aneignung eines bestimmten Teilbereichs der Realität.[447] Methoden bergen somit durchaus die Gefahr in sich, manipulativ angewendet oder als Mittel der Indoktrination missbraucht zu werden. Der gelungene und überlegte Metho-

---

[443] Vgl. GEIßLER, K.A. (2001), 410f.
[444] Vgl. SCHREYÖGG (2003), 434.
[445] Vgl. hierzu auch den Abschnitt 2.2.2.2.
[446] PÖHLMANN (1986), 11.
[447] Vgl. MÜLLER / PAPENKORT (1999), 217.

deneinsatz bietet allerdings die Chance, im Rahmen der Erwachsenenbildungsprozesse Lernchancen gezielt zu nutzen und zu einer Auseinandersetzung mit der Umwelt anzuregen. Voraussetzung dafür ist, dass Ziel, Inhalt und Methode eine Einheit bilden und aufeinander abgestimmt sind, die Methode muss das dahinterstehende Prinzip des jeweiligen Inhalts realisieren und für den/die Teilnehmer erfahrbar machen.[448]

Wenn im Folgenden von Methoden der Erwachsenenbildung die Rede ist, wird nur ein Teilbereich der Methodik behandelt, denn es sind vorwiegend die Methoden auf der Ebene der Durchführung der Veranstaltung angesprochen, die Methoden auf den Ebenen der System-, Programm- und Maßnahmengestaltung bleiben ebenso außer acht wie die Ebene der situativen Gestaltung der Lehr-/Lernprozesse[449].

Beim Coaching kommt eine Fülle von Methoden zum Einsatz und in der Literatur nimmt die Besprechung geeigneter Methoden für die Durchführung eines Coaching einen breiten Raum ein. Der Band von VOGELAUER[450] beschäftigt sich beispielsweise ausschließlich mit der Frage, welche Methoden bei einem Coaching eingesetzt werden können. Dennoch darf nicht übersehen werden, dass gerade der Erfolg des dialogorientierten Coaching nicht nur von den Methoden sondern primär von der Person des Coaches und seiner Beziehung zum Gecoachten abhängt. Denn „einfach nur die Methoden auszuprobieren und davon auszugehen, dass es dann schon klappen wird"[451], kann nicht zum Erfolg führen. Wenn im folgenden Abschnitt auf die Methodenfrage im Coaching eingegangen wird, sollen nicht einzelne Methoden besprochen werden. Ziel ist es, im Sinne einer Methodik, einige Kriterien vorzustellen, anhand derer Methoden auf ihre Eignung hin überprüft und beurteilt werden können.

Nach FELL lassen sich Methoden in der Erwachsenenbildung unter vier Aspekten betrachten: Dem anthropologischen, dem soziologischen, dem politischen und dem lernpsychologischen Aspekt.[452] Unter dem anthropologischen Aspekt ist zu verstehen, dass Methoden der Bildungsarbeit mit den anthropologischen Grundannahmen in Übereinstimmung stehen müssen. Dialogorientierte Methoden müssen demnach dazu geeignet sein, Erfahrun-

---

[448] Vgl. MÜLLER / PAPENKORT (1999), 204.
[449] Vgl. MÜLLER / PAPENKORT (1999), 203f.
[450] VOGELAUER (2000).
[451] VOGELAUER (2000), 7.
[452] Vgl. FELL (1984)

gen im Sinne BUBERS Ich-Du-Grundwortes zu ermöglichen. Fundamental dürfte in der Erwachsenenbildung das Gespräch sein, welches möglicherweise derzeit vernachlässigt wird. Doch der Sprachlogos als spezifisch menschliche Eigenschaft, also das Gespräch, nimmt eine Vorrangstellung im Methodenspektrum der Erwachsenenbildung ein, da nur im Logos der Mensch die Distanzierung und das In-Beziehung-Treten[453] umsetzen kann: Denken erfolgt immer in Sprache. Da Coaching eine Arbeitsform ist, die das Gespräch als Hauptwerkzeug ansieht, liegt dialogisches Verhalten fast schon zwingend auf der Hand. Insofern könnten hier auch Impulse auf andere Formen der Erwachsenenbildung ausgehen, dem Gespräch wieder zur angemessenen Stellung zu verhelfen. Um in einem Coaching Gespräche oder sprachlichen Ausdruck anzuregen, ist der Ansatz von SCHREYÖGG, auch kreativitätsfördernde Arbeit mit Materialien im Coaching einzusetzen, durchaus im Sinne eines dialogorientierten Coaching praktikabel. Sie betont dabei, dass die Deutung der kreativen Äußerungen der Teilnehmer im Dialog zu erfolgen hat, wobei der Erwachsenenbildner dabei zunächst eine „strukturierende, nicht eine deutende Funktion" übernimmt aber „im fortschreitenden Dialogprozess [..] der Coach seine Eindrücke ins Gespräch"[454] einbringen soll.

Erwachsenenbildung ist soziologisch betrachtet immer auch soziales Handeln bzw. Interaktion.[455] Soziales Handeln steht immer einerseits in einem gesellschaftlichen Kontext, ist also von den vorliegenden Rahmenbedingungen mit bedingt und hat andererseits selbst sozialisierende Wirkungen. Durch die Sozialisation wächst der Mensch in seine umgebende Kultur und Gesellschaft hinein und wird zum gesellschaftlich handlungsfähigen Subjekt. Damit muss sich auch der Erwachsenenbildner bewusst sein, dass die zur Anwendung gebrachten Methoden nicht nur ein Vehikel der Vermittlung des Inhalts sind, sondern auch eine gesellschaftliche Botschaft aussenden, eine Richtschnur abgeben, was ‚sozial erwünschtes' oder ‚unerwünschtes Verhalten' darstellt. Ziel der auf aktive Mitarbeit gerichteten dialogischen Metho-

---

[453] Vgl. dazu das in 2.2.2.2 Ausgeführte.
[454] SCHREYÖGG (2003), 297.
[455] Viel zitiert ist die Definition MAX WEBERS. Nach ihm ist soziales Handeln ein menschliches Verhalten, d.h. ein äußeres oder innerliches Tun, Dulden oder Unterlassen, dem der Handelnde selbst einen (subjektiven) Sinn gibt. Als soziales Handeln gilt es dann, wenn es dem gemeinten Sinn nach auf das Verhalten anderer bezogen und daran in seinem Ablauf orientiert ist. Wechselseitig aneinander orientiertes soziales Handeln wird als Interaktion bezeichnet. Vgl. SCHÄFERS (1998a), 123.

den ist es daher, besonders bei Maßnahmen der Erwachsenenbildung, die nicht nur der Wissensvermittlung, sondern auch der Verhaltensänderung dienen sollen, den eher passiven Teilnehmer zur Kreativität anzuregen, ihm Gelegenheit zu geben, auch selber zu sprechen, die Initiative zu ergreifen, um damit in Wechselwirkung mit anderen Teilnehmern oder dem Erwachsenenbildner Veränderungsprozesse in seinem Verhalten zu bewirken.[456] Die Notwendigkeit der sozialen Angemessenheit von Methoden ist im Coaching genauso wie in anderen Formen erwachsenenpädagogischen Arbeitens vorhanden. Insbesondere dann, wenn ein Coaching in der Form einer Einzelberatung durchgeführt wird, also gruppenpädagogische und gruppendynamische Elemente nicht auftreten können, muss umso mehr darauf geachtet werden, den gesellschaftlichen Bezug des Handelns nicht in Vergessenheit geraten zu lassen.

Zum Dritten ist in der Erwachsenenbildung das politische Moment einer Methode wichtig. Der Erwachsene begibt sich in Bildungsprozesse im Regelfall freiwillig[457] auf Grund seiner eigenverantwortlich getroffenen mündigen Entscheidung. Damit ergibt sich in der Erwachsenenbildung im Idealfall die Situation eines von Partnerschaft zwischen Lernenden und Lehrenden geprägten Arbeitens, welches kein Autoritätsgefälle kennt. Dass dies keine Selbstverständlichkeit ist, beweist die lange Tradition von eher autoritärem Frontalunterricht, welche dazu führte, dass sich auch heute noch Erwachsene bisweilen mit dialogischen, eigene Aktivität einfordernden und kritisches Denken erwartenden Methoden schwer tun. In einem demokratischen Staatswesen und einer freiheitlichen Wirtschaftsverfassung gibt es aber keine Alternative dazu, auch in der Erwachsenenbildung den Erwachsenen als einen in Verantwortung stehenden mündigen Partner zu behandeln. Die Erwachsenenbildung erfüllt hier ihren politischen Auftrag zur Verwurzelung demokratischen Denkens durch beständiges Praktizieren demokratischen Verhaltens. Coaching im Rahmen der beruflichen Fortbildung und auch in der Organisationsform der betrieblichen Weiterbildung darf diesen politischen Auftrag an die Erwachsenenbildung auch hinsichtlich der Methoden nicht ausklammern. Hierbei ist z.B. auch der unbedingte Grundsatz der Freiwilligkeit und die Absage an manipulative Methoden als Ausdruck der

---

[456] Vgl. FELL (1984), 30.

[457] Auf die Sonderproblematik mehr oder minder angeordneter Veranstaltungen der Erwachsenenbildung beispielsweise im Rahmen von Maßnahmen der Arbeitsverwaltung wird hier nicht eingegangen.

Mündigkeit und Selbstbestimmung ein wesentliches Prinzip, und die Erwachsenenbildung hat die Pflicht, sich gegenüber Tendenzen zu verwahren, welche diese Prinzipien grundsätzlich zwar bejahen, jedoch mit einem ‚aber' versehen.[458]

Der vierte Gesichtspunkt, unter dem Methoden betrachtet werden können, ist der psychologische Aspekt. Auch hier haben dialogische Methoden auf Grund der Ergebnisse der Lernforschung ihre Berechtigung und sichern ein erwachsenengemäßes, selbsttätiges Lernen mit hoher Behaltensquote in einer lernförderlichen und entspannten Atmosphäre.[459] Erwachsene lernen anders als Kinder und Jugendliche, schon allein aus der Tatsache heraus, dass neu hinzukommende Informationen mit einem viel größeren Erfahrungsschatz abzugleichen sind. Dass zudem dialogisch erarbeitete Inhalte eine wesentlich höhere Behaltensquote aufweisen als monologisch vorgetragener Lehrstoff, liegt auf der Hand. So kommt FELL zu dem Schluss: „Dialogische Methoden schaffen eine entspanntere Kommunikation und fördern mithin ein angstfreies Lernen, sie stellen ein Lernklima her, in dem es jedem Teilnehmer möglich ist, sich mit seinen Erfahrungen, Fähigkeiten und Kenntnissen, Einstellungen und Haltungen am Lernprozess zu beteiligen."[460] Genau diese Beteiligung des Teilnehmers gemäß seiner Erfahrungen, Fähigkeiten, Kenntnisse, Einstellungen und Haltungen, also der Ausgang bei den eigenen Ressourcen zur Erarbeitung einer Problemlösung, die von FELL bereits vor über 20 Jahren formuliert wurde, sind auch die Gestaltungsprinzipien, die heute beim Coaching zu fordern sind. Dialogische Erwachsenenbildung nahm daher mit der ihr eigenen Methodik teilweise Ansätze vorweg, welche heute im Coaching populär werden. Dem Anspruch des Coaching, die Verbesserung der selbstregulativen Fähigkeiten zu unterstützen, also beispielsweise selbstgesteuertes Weiterlernen zu ermöglichen, können im übrigen nur Methoden gerecht werden, die einen hohen Anteil von interaktivem und erarbeitendem Lernen aufweisen.[461] Dies kann man auch in Übereinstimmung mit den Gedanken BUBERS sehen und damit auch als Zielvorstellung im dialogorientierten Coaching: Krisenerfahrung setzt beim Menschen Be-

---

[458] Solche Tendenzen finden sich in der aktuellen Diskussion z.B. bei DEHNER (2004).

[459] Vgl. FELL (1984), 31f.

[460] FELL (1984), 32.

[461] Zur Unterscheidung zwischen darbietendem, interaktivem und erarbeitendem Lernen siehe: MÜLLER / PAPENKORT (1999), 215f. Der vorgelegte exemplarische Methodenkatalog für interaktives und erarbeitendes Lernen kann durchaus auch für Coachingmaßnahmen herangezogen werden.

wältigungskräfte frei, welche zur selbstverantwortlichen Lösungssuche genutzt werden können und durch den Erwachsenenbildner gezielt aktiviert werden sollten.[462] Ein Coaching im methodischen Sinne dialogorientiert aufzubauen, dürfte nach diesem Befund also ohne weiteres möglich sein. Auf einen Fehler, dem stark psychologisch orientierte Coachingverfahren möglicherweise unterliegen können, ist an dieser Stelle im Zusammenhang mit dem lernpsychologischen Aspekt der Methoden hinzuweisen: Gelegentlich werden im Coaching Methoden aus dem psychotherapeutischen Kontext wegen ihrer Effektstärke übernommen, ohne sich mit deren innewohnenden anthropologischen, soziologischen und politischen Dimensionen zu befassen. Oft wird in diesem Zusammenhang dann auch von ‚Techniken' oder ‚Instrumenten'[463] gesprochen. Hier zeigt sich die begrenzte, eher instrumentell ausgerichtete Sichtweise der Psychologie auf Bildungsprozesse im Gegensatz zur Pädagogik. Dies kann als wichtiger Grund dafür gelten, dass die Erwachsenenbildung in der Praxis auftretende Innovationen wie Coaching (aber z.B. auch EDV-unterstütztes Lernen) kritisch begleiten und mit eigenen Konzeptionen fundieren muss.

BUBER selbst äußert sich zu den Methoden, welche er in der Erwachsenenbildung zur Anwendung bringen möchte zumindest knapp und deutlich an einer Stelle: „In ihren Unterrichtsmethoden soll die Landes-Volkshochschule durchgehend das sokratische Prinzip bevorzugen [...] und im übrigen bei Geisteswissenschaften die begriffskritische, bei Mathematik und Naturwissenschaften nach Möglichkeit die genetische Methode anwenden."[464] Mit dem Sokratischen Prinzip meint BUBER die Methode der Mäeutik[465]. Der Unterrichtende versucht hier, nur Helfer bei der Einsicht und Selbsterkenntnis zu sein, die aber jeder aus sich selbst finden muss und ihm nicht von außen gegeben werden kann. Die Hilfestellung, die der Lernende dabei vom Lehrenden erfährt, ist, dass dieser das Scheinwissen des Lernenden soweit durch Hinterfragen erschüttert, bis dieser sein mögliches Nichtwissen einsieht und dann zusammen mit dem Lehrenden die gemeinsame Suche nach wahrer Erkenntnis beginnen kann.[466] Diese an sich antike Gesprächsform kann durchaus auch in heutigen Coachingsitzungen noch ihre Wirkung tun.

---

[462] Vgl. dazu auch Abschnitt 2.2.3.1.
[463] Vgl. RAUEN (2003), 76 und VOGELAUER (2000), 31.
[464] VENTUR (2003), 164.
[465] Griechisch für die Hebammenkunst.
[466] Vgl. KUNZMANN u.a. (1998), 37.

Die von BUBER angesprochene Begriffskritik hat zum Ziel, die vorgefundene Begriffswelt als unter Umständen verworren und falsch zu entlarven und neue, tragfähige Leitbegriffe zu entwickeln, während die genetische Methode versucht, Entstehung und Herausbildung eines Gegenstands oder Sachverhalts durch die Analyse seiner Entwicklungsstufen nachzuvollziehen, um so zu Erkenntnissen zu gelangen. Auch diese beiden methodischen Hinweise sind in einem dialogorientierten Coaching gut umzusetzen. Sachverhalte nicht als gegeben hinzunehmen und Begriffe auf ihren wahren Bedeutungskern hin zu untersuchen, hat gerade in der beruflichen Weiterbildung seine Berechtigung.

4.2.5 Ethische Aspekte

Zum Abschluss des Kapitels soll nun kurz das Thema der ethischen Aspekte in Zusammenhang mit Coaching und hier insbesondere im Rahmen der betrieblichen Weiterbildung angesprochen werden. Die Fragestellung auf Ebene einer Wirtschaftsethik ist, wie ökonomische Vernunft und ethische Ansprüche miteinander vereinbart werden können.[467] Das Deutsche Wirtschaftssystem der sozialen Marktwirtschaft beruht fundamental darauf, ethische Ziele im wirtschaftlichen Handeln zu verfolgen. So schreibt MÜLLER-ARMACK[468] über die Wirtschaftsordnung: „Letztes Kriterium [...] kann nur dies eine [sein]: Humanität. [..] Humanitas ist uns der Inbegriff all dessen, was wir aus einem tieferen Verstehen des Menschen [...] heraus als Wesensvoraussetzung seines Daseins und seiner Daseinserfüllung verstehen.“[469] MÜLLER-ARMACK plädiert damit für einen Prüfstein der Humanität bei der Beurteilung wirtschaftlichen Handelns. Er definiert die Humanität so, dass darunter all jenes zu verstehen ist, was auf Grund der anthropologischen Gegebenheiten als Voraussetzung für menschliche Existenz *und* als notwendig für ein erfülltes Leben angesehen werden kann. MÜLLER-ARMACK

---

[467] Vgl. NASS/MÜLLER-VORBRÜGGEN (2003), 22.
[468] Der Nationalökonom (Volkswirtschaftler) und Kultursoziologe ALFRED MÜLLER-ARMACK (* 28. Juni 1901 in Essen; † 16. März 1978 in Köln) gilt – obwohl weniger bekannt als LUDWIG ERHARDT – als Vater der Sozialen Marktwirtschaft. 1945 entwirft er die Idee und den Begriff der „Sozialen Marktwirtschaft", als einer in soziale Verpflichtungen eingebetteten liberalen Marktwirtschaft. Zwischen 1952 und 1963 war MÜLLER-ARMACK zunächst Leiter der Abteilung Wirtschaftspolitik und ab 1958 Staatssekretär im Bundesministerium für Wirtschaft.
[469] MÜLLER-ARMACK (1974), 212.

hat bei seiner Formulierung der ethischen Anforderungen als anthropologische Voraussetzung vermutlich ein christliches Menschenbild zu Grunde gelegt, genauso ist es aber legitim, hier beispielsweise eine Anthropologie im Sinne der Dialogik BUBERS als Prüfstein heranzuziehen. Wichtig ist jedoch, dass sich wirtschaftliches Handeln eines Menschenbildes[470] besinnt, dazu bekennt und daraus abgeleitet das Handeln legitimiert. Eine solche Ethik muss dann natürlich auch für betriebliche Weiterbildung gelten. Dialogische Erwachsenenbildung wird sich anthropologisch an den Ergebnissen der dialogischen Denker orientieren, und dementsprechend muss sich auch dialogorientiertes Coaching stets daran messen lassen, ob das praktische Handeln dem Kriterium Rechnung trägt, dem Teilnehmer bei der Bewältigung seines Lebens und der sinnerfüllenden Gestaltung seiner Existenz zu helfen. Nach BUBERS anthropologischen Entwürfen ist der Mensch vor allem als Mensch zu sehen und nicht als ‚Ding' welches außerhalb seiner Person liegenden Zwecken unterzuordnen ist.[471] Verantwortlich dafür ist der Bildungsträger, im Bereich des Coaching zumeist ein Unternehmen im Rahmen betrieblicher Weiterbildung, aber auch der Erwachsenenbildner selbst, der als Auftragnehmer oder Angestellter gegenüber den Mitmenschen und sich selbst einer Verpflichtung zu ethischem Handeln unterliegt.[472] Ein wertfreies oder wertneutrales Coaching wird es nicht geben, da „jede Art von Bildung [...] immer implizit oder explizit normativen Charakter"[473] besitzt. Im Bereich der Erwachsenenbildung bzw. Weiterbildung wird heute auch davon gesprochen, dass das Bemühen um Ethik dem Aspekt des Verbraucherschutzes Rechnung trägt.[474]

Die spezielle Ethik eines dialogorientierten Coaching muss sich an den von BUBER erarbeiteten Zielen und Bewertungsgrundsätzen pädagogischen Bemühens messen lassen. Als pädagogisches Ziel bleibt in einer Welt, die

---

[470] Der philosophischen bzw. religiösen Frage, welche Menschenbilder hier ‚zulässig' sind, kann im Rahmen dieser Arbeit nicht nachgegangen werden.

[471] Vgl. dazu das unter Abschnitt 2.2.2.2 Ausgeführte.

[472] Vgl. GISI/FRISCHHERZ (2004), 210. Ethik bezeichnet als Teildisziplin der Philosophie ja den Bereich, der sich damit beschäftigt, „methodisch gesichert die Grundlagen für gerechtes, vernünftiges und sinnvolles Handeln und (Zusammen-)Leben aufzuzeigen." (KUNZMANN u a (1998), 13.)

[473] GISI/FRISCHHERZ (2004), 208.

[474] Vgl. DANNENBERG (2004), 212. Zu Ansätzen der Entwicklung eines Grundverständnisses einer Berufsethik der Erwachsenenbildner siehe auch ROSENBERGER (2004), 216ff und BREIL (2004), 219ff.

im Pluralismus der möglichen Bildungs- und Erziehungsziele keine verbindliche Ausrichtung mehr kennt, nur das abstrakte Bildungsziel der Nachahmung der Ebenbildlichkeit Gottes übrig. Diese Nachahmung ist in der Überwindung der Ich-Es-Relation durch den Aufbau von Ich-Du-Beziehungen zu sehen.[475] Die ethische Herausforderung des Erwachsenenbildners liegt hier im authentischen Vorleben dieser Haltung. Die Bewertung allen Handelns nach ihrer Moralität erfolgt für BUBER durchaus in den Kategorien Gut und Böse, jedoch lehnt er ein allzeit verbindliches ethisches System ab. Als entscheidungsfähiges Wesen gewinnt der Mensch seine Einsichten in ethisch richtiges Handeln nicht durch eine erfolgte Belehrung, sondern nur aus dem Durchleben und Ringen in der Entscheidungssituation. Der Coach hat somit die Aufgabe, solche Situationen mit dem Teilnehmer in wechselseitiger Ansprache und Anhören zu bestehen, ohne in die Entscheidungsfreiheit des Teilnehmers einzugreifen.[476]

---

[475] Vgl. SUTER (1986), 265.
[476] Vgl. SUTER (1986), 265.

5 Ergebnisse und Ausblick

Zum Abschluss werden nun im fünften Kapitel die hauptsächlichen Ergebnisse zusammengefasst, und ein Ausblick auf mögliche weitere Aufgaben der Erwachsenenbildung im Bereich Coaching gegeben. Zudem erfolgt eine abschließende und zusammenfassende Klärung der Frage, inwieweit Coaching als eine Aufgabe der Erwachsenenbildung zu sehen ist.

5.1 Wesentliche Ergebnisse

Das Buch begann mit einer breit angelegten Klärung des Coachingbegriffs, wie er heute im Schrifttum gebräuchlich ist. Erstes wesentliches Ergebnis war dabei die Abgrenzung zu anderen Interventionsmaßnahmen in der Beratungs- und Bildungsarbeit. Da bei allen Gemeinsamkeiten zu anderen Arbeitsformen diese Abgrenzung möglich ist, konnte die Annahme untermauert werden, dass es sich beim Coaching in der Tat um eine eigenständige Arbeitsform handelt. In einem zweiten Schritt wurde dann eine Auswahl von vorgefundenen Definitionen einer kritischen Analyse unterzogen, was als wesentliches Resultat das Fehlen einer im Sinne der Wissenschaft bzw. der Erwachsenenbildung zweifelsfrei geeigneten Begriffsbestimmung ergab. Eine solche Begriffsbestimmung war das Ziel des Kapitels zwei.

Das Kapitel zwei nahm seinen Anfang bei der Annäherung an den Begriff Erwachsenenbildung, wobei das besondere Verständnis einer dialogischen Erwachsenenbildung zu Grunde gelegt wurde. Bezugspunkt war hierbei die Konzeption der Dialogphilosophie MARTIN BUBERS. Da bisher noch keine umfassende Ausarbeitung der Theorie und Praxis einer auf die deutschen Dialogphilosophen des 20. Jahrhunderts zurückgehenden dialogischen Erwachsenenbildung vorliegt, wurden in Kapitel zwei auch einige Fragmente theoretischer Überlegungen zur dialogischen Erwachsenenbildung aus der Literatur wiedergegeben und entwickelt. Dies war zum einen die Grundlegung dafür, gegen Ende des zweiten Kapitels eine Definition von Coaching zu erarbeiten, welche den Ansprüchen der Erwachsenenbildung gerecht wird und zum Zweiten wesentlich für die Erarbeitung der Grundzüge eines dialogorientierten Coachingkonzepts in Kapitel vier.

Im dritten Kapitel wurden die theoretischen Fundierungen gegenwärtiger Coachingansätze untersucht. Gegenstand waren hierbei die drei wesentlichen Strömungen der aktuell diskutierten Coachingkonzepte. Dies sind das systemtheoretisch konzipierte Coaching, Coaching unter der Federführung psychologischer Theorien und das Coaching in ökonomischer Perspektive als

Instrument der Personalführung. Die Untersuchung erfolgte nach der verwendeten Anthropologie, dem bezugswissenschaftlichen Hintergrund und den jeweils empfohlenen Methoden. Dabei erwies sich keine der gängigen Theorien als für die Begründung eines Coaching nach den Anforderungen der Erwachsenenbildung geeignet. Allerdings weisen einige Coachingkonzepte durchaus dialogische Spuren auf. Damit wird deutlich, dass sich Fragmente dialogischen Denkens wohl oft in Coachingsituationen finden – auch wenn nicht explizit von der Dialogik ausgegangen wird – offenbar weil die Situation des Coaching unbewusst nach dialogischem Verhalten verlangt. Dies ist gleichzeitig die Überleitung zu Kapitel vier, in welchem die Grundzüge eines dialogorientierten Coaching in der Erwachsenenbildung erarbeitet wurden.

Grundlegend dabei war zunächst die Erläuterung der bestimmenden Grundsätze des Einsatzes geplanter und gestalteter Dialoge in der Erwachsenenbildung, daran anschließend wurden einige Besonderheiten des dialogorientierten Coaching bei den Bereichen Coachinganlass, Prozess, Methoden und Ethik im Vergleich zu anderen Coachingkonzepten aufgezeigt.

5.2   Coaching: Eine Aufgabe der Erwachsenenbildung?

Ziel der Arbeit zu diesem Buch war, zu untersuchen, ob Coaching eine Aufgabe der Erwachsenenbildung ist und Ansatzpunkte aufzuzeigen, wie diese Aufgabe auf Basis einer dialogischen Erwachsenenbildung erfüllt werden kann. Dass Coaching eine Aufgabe der Erwachsenenbildung ist und dementsprechend auch von ihr reklamiert werden muss, wurde im Abschnitt 2.3.1 dargelegt. Wenn Coaching nun als eine Arbeitsform dialogischer Erwachsenenbildung eingesetzt werden soll, ist die grundlegende Anforderung zu stellen, dass Maßnahmen der Erwachsenenbildung keine reine Qualifizierung darstellen. Qualifizierung[477] ist primär auf direkte Verwertbarkeit in vorzugsweise beruflichen Tätigkeiten gerichtet. Qualifizierung ist demnach ein primär ökonomischer Begriff, während Bildung als anthropologische Kategorie einem anderen Bezugssystem entstammt.[478] Dialogische Bildung, wie Erwachsenenbildung grundsätzlich, kann und will aber nie bloße Quali-

---

[477] Vgl. REINHOLD u.a. (1999), 433.
[478] Vgl. GRIESE (1998), 135 oder auch SIEBERT (1996), 6: „'Qualifizierung' wird vom gesellschaftlichen Bedarf, ‚Bildung' vom Subjekt aus definiert." Ebenso: PETERSEN (2003), 247ff.

fikation vermitteln, sie will vor allem einen Beitrag zur Identitätsentwicklung des Menschen leisten, was in Konsequenz auch manche psychologische Methoden, die manipulativ eingesetzt werden könnten, völlig ausschließt. GRIESE ist damit zuzustimmen, wenn er die Erwachsenenbildung auch im Bereich der beruflichen Weiterbildung zu einem klaren Profil auffordert: „Die (akademische) Erwachsenenbildung sollte sich nicht unter dem Etikett ‚modern' und eines gewandelten ökonomischen Bildungsbegriffs instrumentalisieren und vor den Karren der Interessen von Wirtschaft und Industrie spannen lassen; sie sollte ‚konservativ' im Sinne des Festhaltens an ihren Interessen als humanistisch-emanzipatorische Instanz in der Gesellschaft bleiben und sich ihrer Wurzeln und ihres tradierten Selbstverständnisses besinnend in den ‚modernen Bildungsdiskurs' sprach- und ideologiekritisch einmischen."[479]

Positiv aus Sicht der Erwachsenenbildung ist zu werten, dass der Einsatz von Coaching als Arbeitsform eine große Individualität gegenüber den Beteiligten aufweist und damit eine hohe Teilnehmerorientierung besitzen kann. Auch steht Coaching im Rahmen der betrieblichen Bildungsarbeit weniger für ein kurzfristiges Anpassen von Arbeitnehmern an Qualifikationsdefizite zur Verfügung, sondern verlangt eine vorausschauende und partizipative Festlegung mittel- bis langfristiger Entwicklungsziele des Mitarbeiters. Damit ist Coaching kongruent mit dem von der Erwachsenenbildung proklamierten Anliegen, Teilnehmerinteressen zu berücksichtigen. Sicher wurden diese Zielstellungen in der Erwachsenenbildung auch ohne die Arbeitsform Coaching bereits zu realisieren versucht. Dies widerspricht aber prinzipiell nicht dem Ansinnen, Coaching als eine Arbeitsform in die Erwachsenenbildung zu integrieren, sondern ist eher ein Beleg dafür, dass Coaching als eine Aufgabe der Erwachsenenbildung in diese integrierbar ist und dafür die Voraussetzungen vorhanden sind. So hat die Erwachsenenbildung beispielsweise im Rahmen des Prinzips der Teilnehmer- und Lebensweltorientierung in jüngerer Zeit eine noch deutlichere Hinwendung zum Subjekt vollzogen als ohnehin schon vorhanden war. Da beklagt wird, dass die Arbeit mit Deu-

---

[479] GRIESE (1998), 137. Zur von GRIESE erwähnten Sprachkritik ist anzumerken: Sprache bildet Bewusstsein, und das Bewusstsein hat langfristig einen gestaltenden Einfluss auf die Wirklichkeit. Wenn nun beispielsweise Arbeitskräfte zuvorderst als einer von verschiedenen Produktionsfaktoren gesehen werden, und weniger als Person, wird dies auch Einfluss auf den Umgang mit den Mitarbeitern haben. Erwachsenenbildung muss als eine dem Humanismus verpflichtete Wissenschaft hier auch kritisch mit Sprache umgehen.

tungsmustern noch damit zu kämpfen hat, dass die geeigneten Methoden[480] fehlen, kann dialogisches Coaching hier möglicherweise ein praktikables Verfahren sein. Wenn TIETGENS von der Entfaltung der Multiperspektivität in komplexen Gesprächssituationen spricht oder WITTWER die Akzeptanz und sogar bewusste Förderung des Andersseins des Anderen auch in der betrieblichen Bildungsarbeit als neues Entwicklungsziel nennt, sind das dialogische Ansatzpunkte, die nicht nur in herkömmlichen Arbeitsformen der Erwachsenenbildung verwirklicht werden können, sondern künftig auch im Coaching[481].

Aufgabe der Erwachsenenbildung ist es nun, Coaching in das Portfolio der Arbeitsformen zu integrieren. Der Versuch, eine Auswahl gängiger Arbeitsformen und ihrer Orientierung hinsichtlich der Dimensionen individuelle Beratung, Vermittlung von Inhalten und mögliche Komplexität der zu bearbeitenden Themenstellungen im Raster einer groben Einordnung darzustellen, ist in Abbildung 9 realisiert:

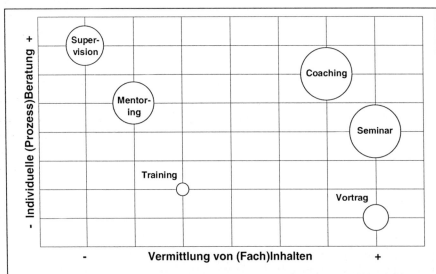

Abbildung 9: Portfolio ausgewählter Arbeitsformen in der Erwachsenenbildung. Die Größe der Blasen repräsentiert die jeweils mögliche thematisch-inhaltliche Komplexität. Eigener Entwurf angeregt durch BAYER (2002), 314.

---

480 Vgl. ARNOLD (1996), 85.
481 Vgl. TIETGENS (2000), 17 und WITTWER (2003), 107-109.

Coaching, so zeigt sich, hat also tatsächlich einen Platz im Spektrum der Arbeitsformen, der noch unbesetzt ist. Damit wäre nun noch die Frage zu beantworten, ob Coaching tatsächlich eine neue, sich von bekannten Arbeitsformen unterscheidende und somit für bestimmte Aufgaben besser geeignete Arbeitsform ist, oder ob Coaching schon immer in der Erwachsenenbildung üblich war, ohne dass es als solches bezeichnet wurde. Diese Frage kann jedoch nicht eindeutig beantwortet werden. So waren in der Erwachsenenbildung zwar immer schon Ansätze der individuellen Beratung Gegenstand der Überlegungen[482], und auch die dialogische Erwachsenenbildung entwickelte hinsichtlich der Teilnehmerorientierung und der Methoden dem Coaching ähnliche Ansatzpunkte. Allerdings wurde bisher kein umfassendes und fundiertes Konzept wie das eines Coaching als Verbindung der Vermittlung von Inhalten mit gleichzeitiger Prozessberatung entwickelt. Auch die Sozialform der Arbeit des Erwachsenenbildners mit einer einzelnen Person als eine berechtigte Aufgabe der Erwachsenenbildung anzusehen, ist sicher innovativ und ein Gedanke, der durch das Coaching belebt werden kann. Der Rückgriff auf dialogisches Gedankengut und die Prüfung der Angemessenheit dialogischer Überlegungen für die Gestaltung intensiver Gesprächsprozesse mit mehreren oder aber auch nur zwei Personen ist fast schon zwingend.

Die häufige – und wohl vornehmlich traditionell bedingte – Fokussierung der Erwachsenenbildung auf die durch Organisationen, Verbände und öffentliche Hand bereitgestellten Angebote verhinderte möglicherweise zum Teil eine vertiefte und ernsthafte Auseinandersetzung mit einer solchen, im privatwirtschaftlichen Umfeld entwickelten Arbeitsform. So kommt es naturgemäß im Bereich der Erwachsenenbildung zu kritischen Auseinandersetzungen mit der neuen Arbeitsform des Coaching. Polemisch-ironische Abhandlungen wie von ROTHEMANN, die pauschal Coaching zusammen mit anderen kreativitäts- und ausdrucksfördernden Elementen in Maßnahmen der Erwachsenenbildung wie Rollenspiele, Naturerfahrung, Jonglieren und Symbolspielhandlungen[483] als „Infantilisierung der Gesellschaft"[484] brand-

---

[482] Vgl. dazu die an anderen Stellen bereits erwähnten Beiträge von SCHUCHARDT (1999), DIEMER/PETERS (1998) und KRÜGER (1980) oder auch das von GERSTENMAIER und MANDL erwähnte ‚Career Counseling', vgl. GERSTENMAIER/MANDL (1999), 188ff.

[483] Vgl. ROTHEMANN (2002), 676.

[484] ROTHEMANN (2002), 675.

---

markt, helfen hier nicht weiter und verhindern eine ernsthafte Auseinandersetzung, die dringend nötig wäre.

Dennoch muss deutlich sein: Coaching ist keine ‚Allzweckwaffe' und kein ‚Allheilmittel' der Bildungsarbeit, wie es derzeit in Veröffentlichungen und Werbematerialien den Anschein erwecken mag. Die Anwendung von Coaching muss dann Grenzen finden, wenn andere Arbeitsformen wie Seminare, Supervision, Mentorenverhältnisse oder auch eine Psychotherapie geeigneter sind. Es ist im Sinne einer Entwicklung von didaktisch und methodisch begründetem Coaching als eigenständige und anerkannte Arbeitsform auch der Sache nicht zuträglich, das Wort ‚Coaching' durch inflationären und unangemessene Verwendung zu verbrauchen.

Die völlige Eigenständigkeit der Arbeitsformen könnte sich in Zukunft allerdings relativieren. In der künftigen Entwicklung insbesondere der beruflichen Weiterbildung – hier scheinen derzeit langfristig die größten Potenziale an Ressourcen und Nachfrage zu liegen – ist davon auszugehen, dass sich die verschiedenen Arbeitsformen noch stärker zu Hybrid-Maßnahmen ergänzen werden. Es wäre z.B. an die Ausarbeitung von Bildungsmaßnahmen in der Kombination von computerunterstütztem Lernen zur Vorbereitung auf ein Seminar und dessen Nachbereitung durch Coaching zu denken. Im Rahmen der Evaluationsforschung wurde vor allem das Problem des Transfers der Inhalte aus dem Lernfeld in das Funktionsfeld erkannt. Betriebliche Weiterbildung im direkten Bereich des Arbeitsfeldes ist ein noch entwicklungsfähiger Bereich. Dabei bietet sich eine Hybridlösung an, welche die Unterstützung des Transfers aus dem Lernfeld heraus in das Arbeitsfeld mittels eines dem klassischen Seminar nachgelagerten Coaching (möglichst direkt im Arbeitsfeld) unterstützt.[485] Trotzdem dürfen keine überzogenen Erwartungen an Coaching gerichtet werden. So werden durch Coaching systematischere Arbeitsformen nicht ersetzt, wohl aber ergänzt werden können[486]. Zudem darf die Erwachsenenbildung auch nicht in ihrem Bemühen nachlassen, dafür zu sorgen, dass bei sämtlichen Arbeitsformen der Erwachsenenbildung pädagogisch qualifizierte Fachkräfte zum Einsatz kommen. In dem Zusammenhang ist vor einem vermeintlich effizienten Einsatz des Instruments Coaching in der Erwachsenenbildung selbst zu warnen: Auch mittels eines begleitenden Coaching kann beispielsweise ein pädagogisch nicht qualifizierter Seminarleiter kaum kurzfristig zum voll ausgebildeten Erwachse-

---

[485] Derartiges schlägt z.B. H. GEIßLER vor. Vgl. BUßMANN (2005), 16ff.
[486] Vgl. REISCHMANN (1991), 16.

nenbildner qualifiziert werden, nach dem Motto: „Daß bißchen Pädagogik kommt dann von selbst...“[487], auch wenn eine professionelle Begleitung nebenamtlicher Erwachsenenbildner mittels Coaching durchaus ein erfolgreicher Weg der Zusammenarbeit sein kann. Erwachsenenbildung muss weiterhin die angemessene Professionalisierung ihres Handelns betreiben, um qualitativ hochstehende, den gesellschaftlichen Anforderungen und den berechtigten Ansprüchen der Erwachsenen genügende Bildungsangebote bereitzustellen. Dies gilt selbstverständlich auch für die Arbeitsform des Coaching.

5.3   Ausblick

Im Schlussabschnitt wird nun ein Ausblick dahingehend versucht, welche Aufgaben der Erwachsenenbildung in Theorie und Praxis im Themenbereich Coaching zukünftig zufallen. Geht man von einer dialogischen Erwachsenenbildung aus, ist zunächst die weitere theoretische Ausarbeitung dieses Ansatzes bzw. einiger Teile davon eine lohnende Aufgabe, insbesondere die Weiterarbeit an der Übertragung der reichhaltigen dialogphilosophischen Überlegungen BUBERS in den aktuellen erwachsenenpädagogischen Kontext. Notwendig wäre dabei auch ein Zusammentragen der bereits verfügbaren Einzelelemente dieser Theoriebildung zu einem umfassenderen Konzept. Wie bereits erwähnt, ist Coaching zum Großteil dem Bereich der betrieblichen Weiterbildung zuzuordnen. Dies könnte auch einer der Gründe sein, warum die Erwachsenenbildung bzw. die Erwachsenenbildungsforschung sich noch wenig mit dem Thema auseinandergesetzt hat, da dieser Bereich der Erwachsenenbildung – obwohl in den letzten Jahren an Umfang und Bedeutung stark gewachsen – noch immer von der Erwachsenenbildungsforschung wenig bearbeitet wird.[488] Demnach ergibt sich im Coaching noch ein weites Feld möglicher theoretischer und auch praktischer Aufgaben. Ein erster Aufgabenbereich könnte sich in der weiteren systematischen Erschließung der vorhandenen Coachingkonzepte und ihrer Beurteilung ergeben. Erwähnenswert ist in diesem Zusammenhang vor allem die Arbeit GEIß-LERS, der ein erstes systematisches Konzept zur mehrdimensionalen Beurteilung verschiedener Coachingkonzepte vorlegte, welches über die phänomenologischen Ansätze der Betrachtung eines Ist-Zustands durch Analyse vorliegender Coachingkonzepte hinausgeht und eigenständige Vorstellungen

---

[487] REISCHMANN (1991), 16.
[488] Vgl. BORN (1999), 336.

von Beurteilungskriterien entwickelt.[489] Zweitens sollte sich auch die Erwachsenenbildung künftig der Entwicklung theoretischer Coachingkonzepte annehmen und diese in der Praxis unter ihrer Federführung zur Anwendung bringen und damit die Qualität der Angebote erhöhen. Die dialogische Erwachsenenbildung hat hier die Chance, durch die Entwicklung eines umfassenden Coachingmodells mit stimmiger Didaktik und Methodik auf Basis der dialogphilosophischen Überlegungen BUBERS und ggf. anderer Vertreter der deutschen Dialogphilosophie an eine große Tradition anzuknüpfen und richtungsweisende Impulse zu geben, damit Coaching ein bildungswirksames Verfahren wird. Bildungswirksam ist es dann, wenn es die Teilnehmer durch inhaltliche Auseinandersetzung mit Bildungsgegenständen und durch Reflexion der eigenen Person zu selbständigem Denken, Urteilen und Handeln befähigt. Notwendig ist dabei auch das weitere Bemühen um pädagogische Qualifikation derjenigen, die Coaching (und andere pädagogische Interventionen) anwenden, sei es beispielsweise als Coaching im Sinn einer expliziten Bildungsmaßnahme oder auch im Sinn einer Methode der Personalführung, denn auch Führungshandeln im Unternehmen enthält pädagogische Elemente, die weiterer konzeptioneller Fundierung bedürfen.

---

[489] Vgl. GEIßLER, H. (2004). Als Beispiel für die eher phänomenologische Betrachtung des Ist-Zustandes und ein daraus abgeleitetes Bewertungssystem kann RAUEN (2001) 75-145 genannt werden. RAUEN gewinnt seine Kategorien zur Beurteilung der Coachingkonzepte durch das Finden gemeinsamer Themenbereiche in verschiedenen Coachingkonzepten. H. GEIßLER hingegen entwickelt sein Kriteriensystem aufgrund eines eigenen Vorverständnisses von Coaching und a priori festgelegten Bewertungsdimensionen.

Literaturverzeichnis

ADLER, A.: Der Sinn des Lebens. Wien 1933.

APEL, K.O.; BÖHLER, D.; REBEL, K.-H. (Hrsg.): Praktische Philosophie/Ethik, Studientexte 1-3, Funkkolleg. Weinheim und Basel, 1984.

ARNOLD, R.: Erwachsenenbildung. Eine Einführung in Grundlagen, Probleme und Perspektiven. Baltmannsweiler 1996[3].

ARNOLD, R.: Weiterbildung. Ermöglichungsdidaktische Grundlagen. München 1996a.

ARNOLD, R.: Systemlernen und Berufsbildung. In: GEIßLER, H. (Hrsg.): Arbeit, Lernen und Organisation. Weinheim 1996b.

ARNOLD, R.: Lernen und Lerntheorien. In: GAUGLER, E.; OECHSLER, W. A.; WEBER, W. (Hrsg.): Handwörterbuch des Personalwesens. Stuttgart 2004.

BARTÖLKE, K.; GRIEGER, J.: Führung und Kommunikation. In: GAUGLER, E.; OECHSLER, W. A.; WEBER, W. (Hrsg.): Handwörterbuch des Personalwesens. Stuttgart 2004.

BAUMANN, U.: Gesundheitsversorgung. In: PERREZ, M. und BAUMANN, U. (Hrsg.): Lehrbuch Klinische Psychologie. Band 2: Interventionen. Bern 1991.

BAYER, H.: Coaching-Kompetenz: Persönlichkeit und Führungspsychologie. München 1995.

BAYER, H.: Der Aufbau von Coaching-Kompetenz. Coaching bei Veränderungsprozessen in einem mittelständischen Betrieb. In: RAUEN, C.: Handbuch Coaching. Göttingen u.a. 2002[2].

BECKER, A.: Auswertung von Seminaren und Tagungen: Beiträge zur Praxis der außerschulischen Jugend- und Erwachsenenbildung. Berlin 2000. (Hrsg.: Bundesministerium für Familie, Senioren, Frauen und Jugend)

BECKER, F.G.: Lexikon des Personalmanagements. München 1994.

BIRKENBEIL, E.-J.: Erziehungsphilosophie des Dialogischen. Frankfurt am Main 1984.

BLANCHARD, K.H.; ZIGARMI, P.; ZIGARMI, D.: Der Minuten-Manager: Führungsstile. Wirkungsvolleres Management durch situationsbezogene Menschenführung. Hamburg 1986.

BÖHME, G.: Martin Bubers dialogische Pädagogik und ihre Rezeption in Deutschland. In: LICHARZ, W.; SCHMIDT, H. (Hrsg.): Martin Buber. Internationales Symposium zum 20. Todestag. Band 2: Vom Erkennen zum Tun des Gerechten. (Arnoldshainer Texte-Band 58). Frankfurt am Main, 1989.

BÖNING, U.: Ist Coaching eine Modeerscheinung? In: HOFMANN, L. M.; REGNET, E. (Hrsg.): Innovative Weiterbildungskonzepte. Göttingen 1994.

BÖNING, U.: Coaching: Der Siegeszug eines Personalentwicklungs-Instruments. Eine 10-Jahres-Bilanz. In: RAUEN, C.. Handbuch Coaching. Göttingen u.a. 2002[2].

BOHM, D.: Der Dialog. Das offene Gespräch am Ende der Diskussionen. Stuttgart 2000[2].

BORN, A.: Geschichte der Erwachsenenbildungsforschung. In: TIPPELT, R. (Hrsg.): Handbuch Erwachsenenbildung/Weiterbildung. Opladen 1999[2].

BOSCH, G.; KOHL, H.; SCHNEIDER, W. (Hrsg.) Handbuch Personalplanung. Köln 1995.

BREII, A.: Ethik in der Weiterbildung – Weiterbildung in der Ethik? In: GdWZ Heft 5/2004.

BRELOER, G.. Aspekte einer teilnehmerorientierten Didaktik der Erwachsenenbildung. In: BRELOER, G.; DAUBER, H.; TIETGENS, H.: Teilnehmerorientierung und Selbststeuerung in der Erwachsenenbildung. Braunschweig 1980.

BROZIO, P.: Vom pädagogischen Bezug zur pädagogischen Beziehung. Sozilogische Grundlagen einer Erziehungstheorie. Würzburg 1995.

BUBER, M. Bildung und Weltanschauung. 1935. (Zitiert aus: BUBER, M. Werke. Erster Band. Schriften zur Philosophie. Heidelberg 1962.)

BUBER, M.: Der Mensch und sein Gebild. Heidelberg 1955. (Zitiert aus: BUBER, M. Werke. Erster Band. Schriften zur Philosophie. Heidelberg 1962.)

BUBER, M.: Das dialogische Prinzip. Heidelberg 1962.

BUBER, M.: Der Jude und sein Judentum. Köln 1963.

BUBER, M.: Reden über Erziehung. Heidelberg 1964[8].

BUBER, M.: Das dialogische Prinzip. Heidelberg 1973[3].

BUBER, M.: Begegnung. Autobiografische Fragmente. Heidelberg 1978[3].

BUBER, M.: Urdistanz und Beziehung. Heidelberg 1978a[4].

BUER, F.: Coaching, Supervision und die vielen anderen Formate: Ein Plädoyer für ein friedliches Zusammenspiel. In: Organisationsberatung Supervision Coaching (OSC), Heft 3/2005.

BÜRKI, R.: Coaching – nur eine Mode oder doch ein neues Modell? In: Lernbegleitung-Lernberatung-Coaching. Dokumentation zur Tagung vom 25. und 26. Oktober 2002 im Schweizerischen Institut für Berufspädagogik SIBP, Zollikofen. Zollikofen 2003.

BUßMANN, N.: „Der Seminarmarkt wird sich mit Coaching verbinden". Coaching Heute und Morgen. Interview mit Prof. Dr. Harald Geißler. In: Personalentwicklung per Coaching. Beilage zu managerSeminare Heft 90, September 2005.

COHN, R.: Von der Psychoanalyse zur Themenzentrierten Interaktion. Stuttgart 1975.

CUBE, F. VON: Die kybernetisch-informationstheoretische Didaktik. In: GUDJONS, H. (Hrsg.): Didaktische Theorien. Hamburg 2002[11].

CZICHOS, R.: Coaching=Leistung durch Führung. Basel und München 2002[3].

DACHSBACHER, K.: Coaching. Begriffliche, inhaltliche und prozessuale Annäherung an ein neues Handlungsfeld professioneller Dienstleistungen. Aktuelle psychologische und ökonomische Coachingansätze aus sozialpädagogischer Perspektive. Diplomarbeit an der katholischen Universität Eichstätt. Eichstätt 2002.

DANNENBERG, K.: Berufskodex für die Weiterbildung: Werteorientierungsbasis für Anbieter und Nachfrager. In: GdWZ Heft 5/2004.

DEHNER, U.: Weg mit schädlichen Coaching-Mythen. In: wirtschaft&weiterbildung, Ausgabe September 2004.

DEJUNG, B.: Dialogische Erziehung. Martin Bubers Rede über das Erzieherische. Zürich 1971.

DEWE, B.: Theorien der Erwachsenenbildung. München 1988.

DEWE, B. (Hrsg.): Betriebspädagogik und berufliche Weiterbildung. Bad Heilbrunn 2000.

DIEMER, V.; PETERS, O.: Bildungsbereich Weiterbildung: Rechtliche und organisatorische Bedingungen, Inhalte, Teilnehmer. Weinheim und München 1998.

DIETZ, T.: Was tun wenn die Krise kommt? In: managerSeminare, Heft 86, Mai 2005.

DIKAU, J.: Die Erwachsenenbildung und ihre Theorie im Zusammenhang der deutschen Nachkriegsentwicklung. In: BEINKE, L. u.a. (Hrsg.): Zukunftsaufgabe Weiterbildung. Weil 1980.

DOBISCHAT, R.: Personalentwicklung und Arbeitnehmer. In: TIPPELT, R. (Hrsg.): Handbuch Erwachsenenbildung/Weiterbildung. Opladen 1999[2].

DROSDOWSKI, G. u.a. (Hrsg.): DUDEN Band 7: Das Herkunftswörterbuch. Mannheim u.a. 1963.

DROSDOWSKI, G. u.a. (Hrsg.): DUDEN Band 5: Das Fremdwörterbuch. Mannheim u.a. 1997[6].

EGGER, R.: Coaching statt Training. Warum biographische Ansätze in der Erwachsenenbildung unverzichtbar sind. In: FORUM informationen, Heft 2/1998.

EHMER, S.: Dialog als kreativer Denkraum in lernenden Organisationen. In: Organisationsberatung Supervision Coaching (OSC), Heft 4/2004.

ERLINGHAGEN, K.: Bildungsideal, Bildungsziel. In: ROMBACH, H. (Hrsg.): Wörterbuch der Pädagogik in drei Bänden. Band 1: Abendschulen bis Genetische Methode. Freiburg u.a. 1977.

FALLNER, H.; POHL, M.: Coaching mit System: Die Kunst nachhaltiger Beratung. Opladen 2001.

FELL, M.: Betriebliche Weiterbildung als erwachsenenbildnerische Disziplin. Bonn 1978.

FELL, M.: Praxis der betrieblichen Weiterbildung. Individuelle und gruppenspezifische Methoden. Köln 1981.

FELL, M.: Dialogische Methoden in ihrer anthropologischen, gesellschaftspolitischen und lernpsychologischen Relevanz für Erwachsene. In: Erwachsenenbildung, Heft 1/1984.

FELL, M.: Allgemeinbildung: Notwendigkeit oder Luxus? In: Erwachsenenbildung, Heft 2/1987.

FELL, M.: Pädagogische Elemente betrieblichen Führungshandelns. Ein Plädoyer für eine pädagogische Qualifizierung von Führungskräften. In: Erwachsenenbildung, Heft 3/1993.

FELL, M.: Für die Zukunft Visionäres aus der Vergangenheit der DAIMLER-BENZ AG aufgreifen – Dialogisches Denken und Handeln im Betrieb als eine zukunftsweisende Kompetenz. In: GÖTZ, K. (Hrsg.): Bildungsarbeit der Zukunft. München und Mering 2002.

FIEDLER-WINTER, R.: Die Wirtschaftskrise als Managementkrise. Interview mit Prof. Dr. Fredmund Malik. In: PERSONAL, Heft 1/2004.

FRIEDENTHAL-HAASE, M.: Erwachsenenbildung und Krise im Denken Martin Bubers. In: Pädagogische Rundschau, Jahrgang 44, Heft 6/1990.

FRIELING, E.; BERNHARD, H.; SCHÄFER, E.; FÖLSCH, T.: Lebensbegleitendes Lernen im Unternehmen. Strukturierte Kompetenzentwicklung und lernförderliche Arbeitsplätze als Grundlage einer innovativen Unternehmens- und Personalpolitik. In: PERSONALFÜHRUNG Heft 1/2005.

GEBERT, D.: Führungsstil und Führungserfolg. In: GAUGLER, E.; OECHSLER, W. A.; WEBER, W. (Hrsg.): Handwörterbuch des Personalwesens. Stuttgart 2004.

GEIßLER, H.: Organisationspädagogik. Umrisse einer neuen Herausforderung. München 2000.

GEIßLER, H.: Coaching-Konzepte verstehen: Annäherung an einen Modebegriff. In: PERSONALFÜHRUNG Heft 1/2004.

GEIßLER, K.A.: Pädagogische Interaktion in der Erwachsenenbildung. In: KRAPP, A.; WEIDENMANN, B. (Hrsg.): Pädagogische Psychologie. Weinheim 2001[4].

GERLICH, P.: Controlling von Bildung, Evaluation oder Bildungs-Controlling? München und Mering 1999.

GERSTENMAIER, J.; MANDL, H.: Konstruktivistische Ansätze in der Erwachsenenbildung und Weiterbildung. In: TIPPELT, R. (Hrsg.): Handbuch Erwachsenenbildung/ Weiterbildung. Opladen 1999[2].

GEßNER, A.: Coaching – Modelle zur Diffusion einer sozialen Innovation in der Personalentwicklung. Frankfurt am Main 2000.

GESTER, P.-W.: Systemisches Coaching. In: PAPMEHL, A.; WALSH, I. (Hrsg.): Personalentwicklung im Wandel: Weiterbildungs-Controlling, Coaching, Personalportfolio. Gabler 1991.

GISI, M.; FRISCHHERZ, B.: Ethik – nur eine Frage der Nachfrage? In: GdWZ Heft 5 / 2004.

GLOGER, S.: Systemische Organisationsberatung: Eine irritierende Leistung. In: manager-Seminare, Heft 72, Januar 2004.

GRAUEL, R.: „Es geht um Vernunft". Interview mit Bolko von Oetinger. In: BRAND EINS, Heft 3/2004.

GREIF, S.: Geschichte der Organisationspsychologie. In: SCHULER, H.: Lehrbuch Organisationspsychologie. Bern 1993.

GRIESE, H. M.: Bildung versus Qualifikation – Zur Kritik >lebenslänglichen< Lernens. In: BRÖDEL, R. (Hrsg.): Lebenslanges Lernen – lebensbegleitende Bildung. Neuwied und Kriftel 1998.

GRÜNFELD, W.: Der Begegnungscharakter der Wirklichkeit in Philosophie und Pädagogik Martin Bubers. Ratingen 1965.

HABERMAS, J.: Theorie des kommunikativen Handelns. Frankfurt am Main 1981.

HAMACHER, P.: Entwicklungsplanung für die Weiterbildung. Braunschweig 1976.

HAMANN, A.; HUBER: Coaching. Der Vorgesetzte als Trainer. Darmstadt 1991.

HARASS, C.; SCHUMANN, K. von: Trendanalyse 2004. In: Personalwirtschaft, Heft 1/2004.

HARTEIS, C.: Berufliche Weiterbildung heute und morgen. München 2000.

HARTKEMEYER, M.; HARTKEMEYER, J.; DHORITY, L. F.: Miteinander Denken: Das Geheimnis des Dialogs. Stuttgart 2001[3].

HENTZE, J.; KAMMEL, A.: Personalwirtschaftslehre 1. Bern u.a. 2001[7].

HEß, T.; ROTH, W. L.: Professionelles Coaching: Eine Expertenbefragung zur Qualitätseinschätzung und -entwicklung. Heidelberg 2001.

HUCK, H. H. Coaching. In: STRUTZ, H.: Handbuch Personalmarketing. Wiesbaden 1989.

HUFNAGL, H.: Multimodale Personalauswahl: Die erfolgreiche Alternative zum Assessment-Center. Würzburg 2002.

ISRAEL, J.: Martin Buber: Dialogphilosophie in Theorie und Praxis. Berlin 1995.

JELINEK, P.: Können Führungskräfte ihre Mitarbeiter coachen? In: managerSeminare, Heft 82, Januar 2005.

JENDROWIAK, H.-W.: Betriebliche Bildung in der Spannung zwischen exprimere und reducere. In: GOLLNICK, R. (Hrsg.): Pädagogische Weg-Markierungen. Festschrift für Dieter-Jürgen Löwitsch. Sankt Augustin 1996.

JUNG, H.: Coaching in Unternehmen – Beratung zwischen Therapie und Training. In: PAPMEHL, A.; WALSH, I. (Hrsg.): Personalentwicklung im Wandel: Weiterbildungs-Controlling, Coaching, Personalportfolio. Gabler 1991.

JUNG, H.: Personalwirtschaft. München und Wien 1999[3].

JÜSTER, M.; HILDEBRAND, C. D.; PETZOLD, H. G.: Coaching in der Sicht von Führungskräften – eine empirische Untersuchung. In: RAUEN, C. (Hrsg.): Handbuch Coaching. Göttingen, Bern, Toronto und Seattle 2002[2].

KAUFFELD, S.; GROTE, S.: Kompetenz – ein strategischer Wettbewerbsfaktor. In: PERSONAL, Heft 11/2002.

KEMPER, H.: Erziehung als Dialog: Anfragen an Janusz Korczak und Platon-Sokrates. Weinheim und München 1990.

KÖNIG, E.; VOLMER, G.: Systematische Organisationsberatung – Grundlagen und Methoden. Weinheim 2000[7].

KRAUß, A.; MOHR, B.: Vorgesetzte werden zu Gestaltern und Förderern informeller und non-formaler Lernprozesse im Betrieb. In: GdWZ Heft 2/2005.

KRON, F.W.: Pädagogische Führungspraxis unter Risiko-Verantwortung. In: SCHÜTZ, M. (Hrsg.): Risiko und Wagnis. Die Herausforderung der industriellen Welt. Pfullingen 1990.

KRÜGER, W.: Beratung in der Weiterbildung. In: DAHM, G.; GERHARD, R.; GRAEßNER, G.; KOMMER, A.; PREUß, V. (Hrsg.): Wörterbuch der Weiterbildung. München 1980.

KUNZMANN, P.; Burkard, F.-P; WIEDMANN, F.: dtv-Atlas Philosophie. 1998[7].

LANG, R.; ALT, R.: Aus- und Fortbildung für Führungskräfte. In: GAUGLER, E.; OECHSLER, W. A.; WEBER, W. (Hrsg.): Handwörterbuch des Personalwesens. Stuttgart 2004.

LASSAHN, R.: Einführung in die Pädagogik. Wiebelsheim 2000[9].

LIETH, W.: Martin Buber und Jürgen Habermas: Krise, Dialog und Kommunikation. Kostanz 1988.

LIPPMANN, E.: ‚Coaching' durch die Führungskraft – eine kritische Betrachtung. In: Organisationsberatung Supervision Coaching (OSC), Heft 3/2005.

LITT, T.: Führen oder Wachsenlassen. Eine Erörterung des pädagogischen Grundproblems. Mit Anhang ‚Das Wesen des pädagogischen Denkens' und ‚Die Bedeutung der pädagogischen Theorie für die Ausbildung des Lehrers'. Stuttgart 1961[9].

LITT, T.: Mensch und Welt. Heidelberg 1968[2].

LOOSS, W.: Coaching für Manager – Problembewältigung unter vier Augen. Landsberg/Lech 1991.

LOOSS, W.: Unter vier Augen. Landsberg/Lech 1997.

LUHMANN, N; SCHORR, E.: Reflexionsprobleme im Erziehungssystem. Stuttgart 1979.

MAAß, E.; RITSCHL, K.: Coaching mit NLP: Erfolgreich coachen in Beruf und Alltag. Ein Übungsbuch. Paderborn 1997.

MEINHARDT, K.; WEBER, H.: Erfolg durch Coaching: Führung im 21. Jahrhundert. Hamburg 2000.

MESSINGER, H.: Langenscheidts Großes Schulwörterbuch Englisch-Deutsch. Berlin und München 1995[13].

MÜLLER, U.; PAPENKORT, U.: Methoden der Weiterbildung – ein systematischer Überblick. In: KNOLL, J.: Studienbuch Grundlagen der Weiterbildung. Neuwied, Kriftel 1999.

MÜLLER-ARMACK, A.: Genealogie der Sozialen Marktwirtschaft. Frühschriften und weiterführende Konzepte, Sozialökonomische Forschungen. Band I. Bern und Stuttgart, 1974.

MÜNCH, J.: Personalentwicklung als Mittel und Aufgabe moderner Unternehmensführung. Bielefeld 1995.

MUTH, C.: Erwachsenenbildung als transkulturelle Dialogik. Schwalbach/Ts. 1998.

MYTZEK, R.: Überfachliche Qualifikationen – Konzepte und internationale Trends. In: BULLINGER, H.-J.; MYTZEK, R.; ZELLER, B. (Hrsg.): Soft Skills. Bielefeld 2004.

NASS, E.; MÜLLER-VORBRÜGGEN, M.: Personalführung und Menschenbild. Ethische Orientierungsmerkmale für Unternehmen. In: PERSONAL, Heft 5/2003.

NEUBEISER, M.-L.: Management-Coaching. Zürich 1990.

NITSCH, M. Coaching in didaktischer Perspektive. Erlangen 2002.

OELKERS, J.: Die Konjunktur von „Schlüsselqualifikationen". In: GONON, P. (Hrsg.): Schlüsselqualifikationen kontrovers: eine Bilanz aus kontroverser Sicht. Aarau 1996.

OELKERS, J.: Erziehungsziele. In: REINHOLD, G.; POLLAK, G.; HEIM, H. (Hrsg.): Pädagogik-Lexikon. München und Wien 1999.

OFFERMANNS, M.: Braucht Coaching einen Coach? Eine evaluative Pilotstudie. Stuttgart 2004.

OFFERMANNS, M.; HAGER, E.: Qualität sichern. In: PERSONAL, Heft 2/2004.

OLBRICH, J.: Geschichte der Erwachsenenbildung in Deutschland. Opladen 2001.

O.V.: Der geDINte Coach. In: managerSeminare, Heft 75, April 2004.

O.V.: Jetzt auch Ausbilder im Test. In: wirtschaft&weiterbildung, Ausgabe September 2004a.

O.V.: Wie wird man Coach? In: managerSeminare, Heft 75, April 2004b.

PASCHEN, H.: Kompetenz. In: REINHOLD, G.; POLLAK, G.; HEIM, H. (Hrsg.): Pädagogik-Lexikon. München und Wien 1999.

PETERSEN, J.: Dialogisches Management. Frankfurt am Main 2003.

PINNOW, D. F.: Leadership2004: Führen im Gespräch. In: Personalwirtschaft Heft 1/2004.

PÖGGELER, F.: Der Mensch in Mündigkeit und Reife. Anthropologie des Erwachsenen. Paderborn 1964.

PÖHLMANN, H. G.: Der Dialog als Sinn der Weiterbildung. Sinnfragen aus theologischer Sicht am Beispiel des Dialogs. In: Hessische Blätter für Volksbildung, 36, Heft 1 1986.

POHL, M.; WUNDER, M.: Coaching und Führung: Orientierungshilfen und Praxisfälle. Heidelberg 2001.

RAUEN, C.: Coaching: innovative Konzepte im Vergleich. Göttingen 2001[2].

RAUEN, C.: Formen des Coachings im Personalentwicklungsbereich. In: RAUEN, C. (Hrsg.): Handbuch Coaching. Göttingen, Bern, Toronto und Seattle 2002[2].

RAUEN, C.: Coaching. Göttingen 2003.

REBLE, A.: Theodor Litt. Eine einführende Überschau. Bad Heilbrunn 1996.

REINHOLD, G.; POLLAK, G.; HEIM, H. (Hrsg.): Pädagogik-Lexikon. München und Wien 1999.

REISCHMANN, J.: „Daß bißchen Pädagogik kommt dann von selbst.." Optimierte betriebliche Weiterbildung durch Coaching. In: GdWZ Heft 2/1991.

REMDISCH, S.; UTSCH, A.: Evaluation als Beitrag zur Entwicklung von Qualität. In: Personalführung, Heft 3/2004.

RIEDENAUER, M.: Philosophie des Coaching. Anthropologische, hermeneutische und ethische Implikationen. In: Organisationsberatung Supervision Coaching (OSC), Heft 4/2004.

RODENWALDT, H.: Der dialogische Ansatz zur Diagnose und Förderung sprachbeeinträchtigter Kinder: Reflexionen zu einer phänomenologischen Sprachbehindertenpädagogik. Frankfurt am Main 1990.

ROHRHIRSCH, F.: Führen durch Persönlichkeit. Abschied von der Führungstechnik. Wiesbaden 2002.

ROSENBERGER, W.: Grundverständnis zum und im Beruf. In: GdWZ Heft 5/2004.

ROTHEMANN, S.: Das Coaching als neue Alltagsreligion. In: Die neue Gesellschaft, Frankfurter Hefte, Heft 49/2002.

SCHÄFERS, B.: Sozialstruktur und sozialer Wandel in Deutschland. Stuttgart 1998[7].

SCHÄFERS, B.: Grundbegriffe der Soziologie. Opladen 1998a[5].

SCHEUERL, H. (Hrsg.): Klassiker der Pädagogik. In zwei Bänden. Band zwei. München 1979.

SCHNEIDER, U.: Coaching. In: GAUGLER, E.; OECHSLER, W. A.; WEBER, W. (Hrsg.): Handwörterbuch des Personalwesens. Stuttgart 2004.

SCHREYÖGG, A.: Coaching. Eine Einführung für Praxis und Ausbildung. Frankfurt und New York: 2003[6].

SCHUCHARDT, E.: Von Krisen Betroffene. In: TIPPELT, R. (Hrsg.): Handbuch Erwachsenenbildung/Weiterbildung. Opladen 1999[2].

SCHWARZER, C.; BUCHWALD, P.: Beratung. In: KRAPP, A.; WEIDENMANN, B. (Hrsg.): Pädagogische Psychologie. Weinheim 2001[4].

SCHWERTFEGER, B.: Fit für den Job. In: DIE WELT, Beilage Karrierewelt vom 31.07.2004.

SENGE, P. M.: Die fünfte Disziplin. Kunst und Praxis der lernenden Organisation. Stuttgart 1999[7].

SIEBERT, H.: Didaktisches Handeln in der Erwachsenenbildung. Didaktik aus konstruktivistischer Sicht. Neuwied, Kriftel und Berlin 1996.

SIEBERT, H.: Erwachsenenbildung in der Bundesrepublik Deutschland – Alte Bundesländer und Neue Bundesländer. In: TIPPELT, R. (Hrsg.): Handbuch Erwachsenenbildung/Weiterbildung. Opladen 1999[2].

SIMON, E.: Martin Buber, der Erzieher. In: SCHIILPP, P. A. und FRIEDMAN, M. (Hrsg.): Martin Buber. Übertragung des 1963 erschienenen Buches ,The Philosophy of Martin Buber". Übertragung des Beitrags aus dem Amerikanischen durch Curt Meyer-Clason. Stuttgart 1963.

SONNENMOSER, M.: Funktionen des Coaches in der Beratungspraxis. In: PERSONALFÜHRUNG Heft 7/2004.

SONNTAG, K.; STEGMAIER, R.: Lernkulturen verstehen, gestalten und messen - Das 'Lernkulturinventar' als organisationsdiagnostisches Verfahren zur Messung von Lernkultur. In: PERSONALFÜHRUNG Heft 1/2005.

SPIES, R.: „Coaching ist keine Führungsaufgabe": Qualitätssicherung und Professionalisierung waren zentrale Themen auf dem ersten deutschen Coaching-Kongress in Wiesbaden. In: PERSONALFÜHRUNG Heft 1/2004.

STAHL, G.; MARLINGHAUS, R.: Coaching von Führungskräften: Anlässe Methoden, Erfolg. In: Zeitschrift für Führung und Organisation, Heft 4/2000.

STEIN, A; STEIN, F.: Kreativität: Psychoanalytische und philosophische Aspekte. München 1987.

STORZ, P.: Coaching in der Praxis. In: DSWR, Heft 1-2/2004.

SUTER, A.: Menschenbild und Erziehung bei M. Buber und C. Rogers. Ein Vergleich. Bern und Stuttgart 1986.

TIETGENS, H.: Erwachsenenbildung. In: GROTTHOFF, H. H. (Hrsg.): Die Handlungs- und Forschungsfelder der Pädagogik. Teil 2. Königstein 1979.

TIETGENS, H.: Erinnerungen an das Dialogische. In: DIE Zeitschrift für Erwachsenenbildung, Heft 3/1997.

TIETGENS, H.: Im Wandel eines Jahrzehnts. In: GdWZ Heft 1/2000.

TIPPELT, R. (Hrsg.): Handbuch Erwachsenenbildung/Weiterbildung. Opladen 1999[2].

TSCHAMLER, H.: Wissenschaftstheorie. Eine Einführung für Pädagogen. Heilbrunn 1996[3].

VENTUR, B.: Martin Bubers pädagogisches Denken und Handeln. Neukirchen-Vluyn 2003.

VOGELAUER, B.: Methoden-ABC im Coaching. Neuwied, Kriftel 2000.

VOGELAUER, B.: Drei Vorgehensmodelle für drei Settings: Gruppen-, Team- und Corporate Coaching. In: managerSeminare spezial, Heft 82, Januar 2005.

VOIGT, W.: Qualifikation oder Identität? Berufliche Weiterbildung als Bildung Erwachsener. In: SCHLUTZ, E. (Hrsg.): Erwachsenenbildung zwischen Schule und sozialer Arbeit. Bad Heilbrunn 1983.

WAHREN, H.-K. E.: Präventive Interventionen vor einem Coaching. In: RAUEN, C.: Handbuch Coaching. Göttingen u.a. 2002[2].

WALTHER, P.: Wie weit darf Coaching gehen? In: managerSeminare, Heft 79, September 2004.

WEIDENMANN, B.: Trainer und Kursleiter. In: KRAPP, A.; WEIDENMANN, B. (Hrsg.): Pädagogische Psychologie. Weinheim 2001[4].

WILDENMANN, B.: Professionell Führen: Empowerment für Manager, die mit weniger Mitarbeitern mehr leisten müssen. Neuwied, Kriftel und Berlin 1996[3].

WITTWER, W.: Biografieorientierte Kompetenzentwicklung in der betrieblichen Weiterbildung. In: PETERS, A.: Lernen und Weiterbildung als permanente Personalentwicklung. München u.a. 2003.

WOLF, R.: Hilfe zur Selbsthilfe. In: Management&Seminar, Heft 10/1995.

ZIMMER, D.; BRAKE, J.: Ganzheitliche Personalauswahl: Grundüberlegungen, Instrumente und praktische Hinweise für Führungskräfte. Bamberg 1993.

Verzeichnis verwendeter Abkürzungen

bzw.	beziehungsweise
d.h.	das heißt
DIN	Deutsches Institut für Normung
EDV	elektronische Datenverarbeitung
engl.	englisch/en
f.	folgende
ff.	fortfolgende
ggf.	gegebenenfalls
Hrsg.	Herausgeber
ICD-10	International Statistical Classification of Diseases and Related Health Problems, Tenth Revision Internationale statistische Klassifikation der Krankheiten und verwandter Gesundheitsprobleme, 10. Revision
i.d.R.	in der Regel
insb.	insbesondere
M.I.T.	Massachusetts Institute of Technology
Mio.	Millionen
NLP	Neurolinguistische Programmierung oder Neurolinguistisches Programmieren
od.	oder
OSC	Organisationsberatung Supervision Coaching (Zeitschrift)
o.V. / O.V.	ohne Verfasserangabe
PAS	Publicly Available Specification
RAF	Rote Armee Fraktion

sog.	sogenannte
u.	und
u.a.	unter anderem; und andere
UN	United Nations
USA	United States of America
usw.	und so weiter
u.U.	unter Umständen
v.a.	vor allem
vgl.	vergleiche
VN	Vereinte Nationen (besser unter der engl. Abkürzung UN bekannt)
WHO	World Health Organization (Weltgesundheitsorganisation der VN)
WWW	World Wide Web (einer der Dienste des Internet)
z.B.	zum Beispiel
z.T.	zum Teil
zit.	zitiert